Taschenatlas der

GREIFVÖGEL
UND EULEN

Text von M. Bouchner

Illustrationen von D. Bárt[...]

DAUSIEN • HANAU/M

TASCHENATLAS DER
GREIFVÖGEL UND EULEN

Text von Miroslav Bouchner
Illustrationen von Dan Bárta
Ins Deutsche übertragen von Felix Seebauer
Graphische Gestaltung von Soňa Valoušková
© 1976 Artia, Prag

VERLAG WERNER DAUSIEN • HANAU/MAIN
ISBN 3-7684-2679-3
3/02/23/52-01

INHALT

Einführung   6

Greifvögel   7
Körperbau der Greifvögel   7
Atmungsorgane — sinnvolle technische Einrichtungen   12
Wie weit das Auge des Greifvogels blickt   13
Nahrung der Greifvögel   14
Greifvögelflügel — perfekte Flugapparate   16
Sozialbeziehungen der Greifvögel   19
Horstbau   20
Brutzeit   21
Aufziehen der Jungen   22

Eulen   24
Größte und kleinste Eulen   24
Geheimnis des Eulenfluges   25
Nachtsehen der Eulen   26
Jagd nach Gehör   28
Besonderheiten der Verdauung   29
Wie und wo die Eulen horsten   30

Bildtafeln   31
Literaturnachweis   208
Register der deutschen Namen   210
Register der lateinischen Namen   211

EINFÜHRUNG

Zivilisationsfaktoren, wie die menschliche Tätigkeit verschönernd genannt wird, hinterlassen eine ruinierte Natur. Sie werden heutzutage zu einer ernsten Lebensbedrohung. Auf unsere Erde fallen jährlich Millionen Tonnen von Pestiziden nieder, Wasser und Luft werden von Giftstoffen verseucht, Boden- und Rohstoffgier führen zur Zerstörung des Landschaftsbildes. Dadurch leiden der Boden, die Pflanzen, die Tiere und zuletzt auch der Mensch selber. Die Existenz von mehr als 600 Vogel- und Säugetierarten ist ernstlich bedroht, ein ähnliches Schicksal können auch Populationen weiterer Arten erwarten.

Auch die Greifvögel und Eulen sind gefährdet. Ihre Zahl war nie sehr hoch und sie wurde weiter vom Menschen herabgesetzt, der sie als Nahrungskonkurrenten verfolgt hat. Eine Reihe von ihnen steht heute auf der Liste der bedrohten Arten.

Dieses Buch, das alle europäische Greifvögel- und Eulenarten beschreibt, versucht sich unter die Publikationen einzureihen, welche die heutige übertechnisierte Gesellschaft auf den bisher existierenden Naturreichtum aufmerksam machen und die für die Bewahrung und das Existenzrecht jeder Tierart kämpfen. Das Buch möchte dazu beitragen, daß den schon sowieso bedrohten und dezimierten Greifvögeln und Eulen noch einige Lebensjahre gegönnt werden.

GREIFVÖGEL

Körperbau der Greifvögel

Die Greifvögelordnung umfaßt 271 Arten, die in 89 Gattungen eingegliedert sind. Die Greifvögel bewohnen mit Ausnahme von Arktis und Antarktis fast die ganze Welt.

Die größten Greifvögel, die Neuweltgeier und Geier, erreichen achtunggebietende Abmessungen und gehören tatsächlich zu den größten und schwersten lebenden und fliegenden Vögeln. Der Kondor wiegt etwa 11 kg und seine Spannweite erreicht bei einzelnen Altvögeln bis zu 3,5 m. Die in der Alten Welt, und somit auch in Europa, lebenden Geier erreichen Ausmaße, die nur ein wenig geringer sind, bei manchen beträgt das Körpergewicht bis zu 12 kg und die Spannweite sogar mehr als 2,5 m.

Hingegen sind die kleinsten, in Asien lebenden Greifvögel ein wenig kleiner als der Star und wiegen etwa 45 g. Von den europäischen Greifvögeln ist der Rötelfalke am kleinsten. Er ist nur wenig größer als eine Turteltaube. Die mittelgroßen Greifvögel haben eine Flügelspannweite von 120 bis 150 cm und ein Körpergewicht von 800 bis 1000 g.

In der Regel pflegt bei den Greifvögeln das Weibchen größer zu sein als das Männchen. Ausgeprägte, als Sexualdimorphismus bezeichnete Größenunterschiede gibt es z. B. beim Wanderfalken, Sperber und Habicht.

Das typische Merkmal der gesamten Greifvogelordnung ist der kräftige, oft sogar gewaltige Schnabel, dessen Oberschnabel mit scharfen Kanten über den Unterschnabel reicht und am Ende hakenförmig nach unten gebogen ist. Der obere Schnabelrand verläuft nur selten gerade, in den meisten Fällen ist er mäßig gewölbt und bei einigen Arten (Falken) befindet sich am Schnabel ein scharfer Vorsprung, der sog. Hornzahn. Es gibt auch Greifvögel mit zwei Hornzähnen. Diese Form des Schnabels ermöglicht den Greifvögeln, ihre lebende Beute im Schnabel fest-

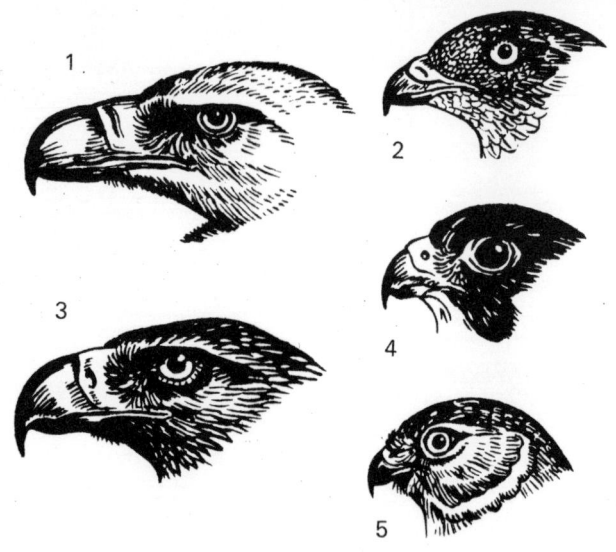

Abb. 1 *Verschiedene Greifvögelschnäbel*
1 — Gänsegeier, 2 — Wespenbussard, 3 — Steinadler, 4 — Wanderfalke,
5 — Steppenweihe (Weibchen)
Die Schnäbel der Geier und Adler sind gewaltig und vermögen auch
große Beutestücke zu bewältigen. An der Schnabelwurzel des Wespenbussards befinden sich schuppenartige Federchen, die ihn vor den
Stichen der Wespen schützen. Am Schnabel der Falken ist deutlich der
Hornzahn zu sehen. Der Weihenkopf fällt durch einen leichten
,,Eulenschleier" um die Augen auf.

Abb 2 *Verschiedene Typen von Greifvogelfängen*
1 — Wespenbussard, 2 — Habicht, 3 — Steinadler, 4 — Seeadler, 5 — Wanderfalke, 6 — Fischadler, 7 — Bartgeier
Zehen und Krallen sind der Erlangung der verschiedensten Beute
angepaßt. Habicht, Steinadler, Seeadler und Wanderfalke haben lange

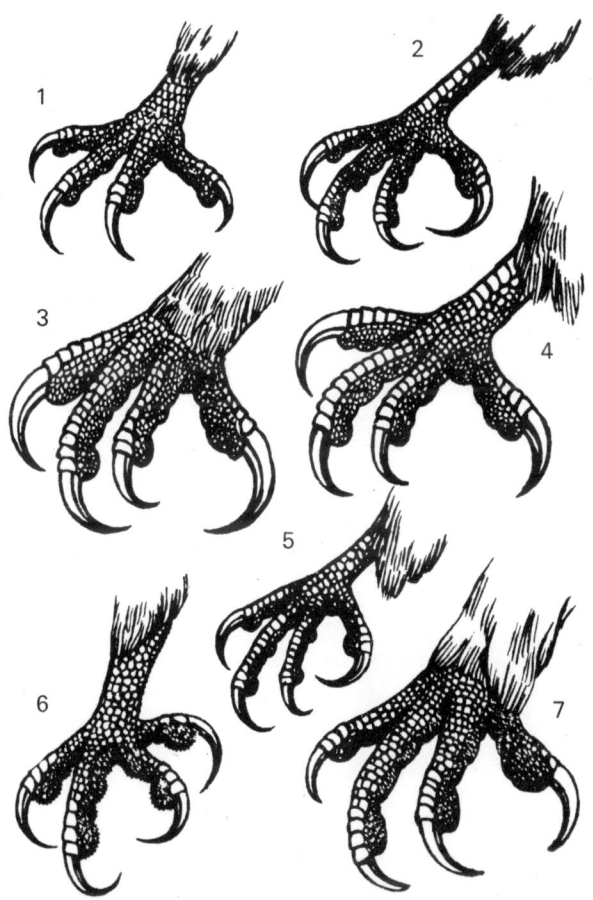

Zehen mit langen und dünnen Krallen. Beim Fischadler sind die Zehenballen mit Hornauswüchsen besetzt, damit dem Fisch ein Entgleiten unmöglich gemacht wird. Wespenbussard und Geier haben kurze Zehen und verhältnismäßig stumpfe Krallen, weil sie nicht zum Ergreifen der Beute dienen.

zuhalten und sie leichter zu zerreißen. Damit soll jedoch nicht gesagt sein, daß das Zerreißen der Beutetiere Greifvögeln ohne Hornzahn größere Schwierigkeiten bereitet. Die Wurzel der Hornscheide wird von einer meist gelb oder graublau gefärbten Wachshaut umgeben.

Die Fänge sämtlicher Greifvögel haben je vier Zehen, deren erste nach hinten und die übrigen drei nach vorne gerichtet sind. Nur der Fischadler vermag auch die Innenzehe zurückzuschlagen. Diese Anordnung der Finger wird in der Fachsprache als Wendezehe bezeichnet. Die Unterseite der Zehen ist mit hornigen Ballen oder dornartigen Erhebungen versehen, die ein leichteres Festhalten der Beute ermöglichen. Greifvögel, die lebende Beutetiere jagen (Wanderfalke, Habicht, Adler), haben gewaltige, sichelförmig gebogene Krallen, die in der Regel an der ersten und zweiten Zehe am kräftigsten sind. Hingegen haben Greifvögel, die sich von Aas ernähren (Neuweltgeier, Geier), verhältnismäßig kurze und stumpfe Krallen. Die Läufe der Neuweltgeier und Geier sind nur zum Gehen bestimmt. Die anderen Greifvögel hingegen benützen die Zehen nicht nur zum Ergreifen der Beute, sondern auch zum Töten und zum Festhalten beim Kröpfen.

Der Körper der Greifvögel ist mit steifem und anliegendem Gefieder bedeckt, besonders die Flügelschwingen und die Steuerfedern des Stoßes sind außerordentlich steif und haben eine wichtige Bedeutung für die verschiedenen Arten des Fluges. Ohne Federdecke sind die Zehen, die Läufe (bei einigen Arten sind auch diese befiedert), die Wachshaut des Schnabels, der Augenring und die Schnabelwinkel. Einige auf Aas großer Tiere spezialisierte Arten (Geier, Neuweltgeier) haben Kopf und Hals entweder ganz nackt oder nur mit kurzen Flaumfedern bedeckt. Das Federkleid der Greifvögel zeigt die verschiedensten Schattierungen von Schwarz, Grau, Braun und Weiß. Bei zahlreichen Greifvögeln sind die noch nicht geschlechtsreifen Jungvögel anders gefärbt als die Altvögel (Habicht, Seeadler), bei einigen wiederum die Männchen anders als die Weibchen (Turmfalke, Weihen), und wiederum bei anderen ist die Färbung des Federkleides dermaßen veränderlich, daß kaum zwei gleichfarbige Exemplare zu finden sind (Mäusebussard und Rauhfußbussard). Die unbefiederten Körperteile — Zehen, Lauf, Wachshaut, Augenring — sind meist gelb, grau oder bläulich.

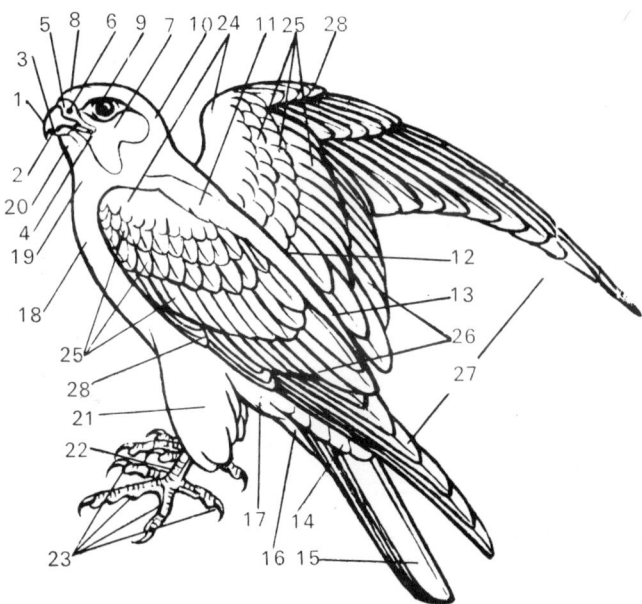

Abb. 3 *Topographie des Vogelkörpers*

1 — Oberschnabel, 2 — Unterschnabel, 3 — Hornzahn, 4 — Zügel, 5 — Wachshaut, 6 — Nasenloch, 7 — Gesicht, 8 — Stirn, 9 — Scheitel, 10 — Nacken, 11 — Schultern, 12 — Rücken, 13 — Bürzel, 14 — Oberschwanzdecken, 15 — Steuerfedern, 16 — Unterschwanzdecken, 17 — Bauch, 18 — Brust, 19 — Kehle, 20 — Kinn, 21 — Hosen, 22 — Lauf, 23 — Zehen (Außen-, Mittel-, Innen- und Hinterzehe), 24 — Flügelkrümmung, 25 — Flügeldecken (große, mittlere, kleine), 26 — Armschwingen, 27 — Handschwingen, 28 — Eckflügel.

Die kleinen Deckfedern haben abgerundete Enden und sind nur manchmal spitzig (z. B. bei den Adlern am Genick und Nacken). An der Schnabelwurzel und am Zügel, d. i. zwischen Schnabel und Auge, haben die kleinen Federn eine borstenartige Form. Am Unterbein wächst den meisten Greifvögeln ein längeres, nach hinten gerichtetes Gefieder, das die sogenannten Hosen bildet. Die Flügel sind meist lang und mächtig, bei manchen Greifvögeln jedoch verhältnismäßig schmal, am Ende spitzig und geschlossen (Falken), bei anderen sind die Flügel breit und enden mit einer Fingerung der Schwingen (Adler, Geier) und wiederum bei anderen kurz, breit und mit abgerundeten Enden (Habicht, Sperber).

Atmungsorgane — sinnvolle technische Einrichtungen

Meist geben die Greifvögel scharfe Laute von sich, die an das Gurgeln der Spechte erinnern und dann wieder hohe, bellende und in rascher Folge wiederholte Töne. Mitunter erklingt auch ein miauendes Locken, ein heiseres Gekreisch oder pfeifende und kichernde Töne. Am häufigsten lassen sie sich alle in der Balzzeit hören.

Die Lungen der Greifvögel sind, ähnlich wie bei den anderen Vögeln, schwammartig, klein, kompakt und unbeweglich. Bei den Vögeln fehlt vollkommen der hauptsächlichste Atmungsmuskel — das Zwerchfell, so daß sie in Ruhestellung durch die Erweiterung und Verengung der Brusthöhle zwischen Brustbein und Wirbelsäule atmen. Die Bronchien enden nicht in die Lungenalveolen, wie bei den Säugetieren, sondern gehen durch die ganzen Lungen hindurch und enden in fünf Paaren geräumiger, dünnwandiger Luftsäcke, deren Volumen ein Mehrfaches der Lungenkapazität ausmacht. Diese Luftsäcke sind reich verzweigt, so daß sie in verschiedene Körperteile bis zwischen die Muskelschichten reichen und mit den Lufträumen der Knochen kommunizieren.

Diese zweckmäßige Einrichtung erleichtert den Vogelkörper

und ermöglicht eine Atmungsweise, die besonders beim Fliegen oder Tauchen vorteilhaft ist. Beim Ruder- sowie beim heftigen Sturzflug sind die Brustmuskeln in voller Tätigkeit, und die normale Atmung mit Hilfe des Brustkorbes ist entweder völlig ausgeschlossen oder wesentlich erschwert. Beim Heben der Flügel dringt in die Luftsäcke durch die Lungen Luft ein und füllt sie aus. Beim Abwärtsschlag der Flügel werden die Luftsäcke zusammengedrückt, und die Luft strömt durch die Lungen zum Schnabel hinaus. Dadurch wird der ausgeatmeten Luft vollkommen der Sauerstoff entzogen und das Blut wird sowohl beim Ein- als auch beim Ausatmen mit Sauerstoff angereichert.

Die Luftsäcke haben auch für die Wärmewirtschaft ihre Bedeutung. Durch sie wird die überschüssige Körperwärme abgegeben, und andererseits bilden sie eine gute Wärmeisolierung, besonders für den Unterteil des Körpers.

Wie weit das Auge des Greifvogels blickt

Bei der Jagd spielt auch der Gesichtssinn eine wichtige Rolle. Deshalb sind die Augen der Greifvögel von beachtlicher Größe. Bei den Greifvögeln, die zum überwiegenden Teil auf fliegende Beutetiere Jagd machen, befinden sie sich an den Seiten des Kopfes und ermöglichen dermaßen die Einbeziehung eines breiten Blickfeldes (Wanderfalke). Demgegenüber sind die Augen bei Greifvögeln, die ihre Beute vornehmlich auf dem Boden, zwischen Bäumen oder im Gesträuch jagen, mehr nach vorn gerichtet und von oben durch gewaltige Überaugenbögen gedeckt (Adler, Sperber, Geier). Die Regenbogenhaut der Greifvögel pflegt gelb, orangegelb, braun oder grau zu sein.

Die Sehschärfe ist am vollkommensten bei sich visuell orientierenden Lebewesen: beim Menschen bei den Affen und bei den Vögeln. Der Hund vermag ein sich bewegendes Ziel auf eine Entfernung von 250 m zu unterscheiden, ein Wanderfalke erspäht eine sitzende Taube auf die Entfernung von 1000 m und eine fliegende Taube sogar auf eine Entfernung von 1600 m. Bei guter

Beleuchtung unterscheidet das menschliche Auge auf eine Entfernung von 100 m eine Fläche im Durchmesser von 1,65 cm, der Adler unterscheidet auf eine Entfernung von 100 m eine Fläche von 0,47 cm Durchmesser. Der Mäusebussard sieht z. B. so scharf und weit, wie ein Mensch mit Hilfe eines sieben- bis achtmal vergrößernden Fernglases. Der Adler kann bei guten Lichtverhältnissen eine Wühlmaus aus einer Höhe von 1 km wahrnehmen.

Der Gesichtssinn ist also der dominierende Sinn der Greifvögel. Ihre übrigen Sinne erreichen keine derartige Perfektion. wenngleich das Gehör verhältnismäßig gut entwickelt ist. Die Vögel haben fast überhaupt keinen Geruchsinn. Trozdem aber vermochten Neuweltgeier sogar Nahrung zu entdecken, die mit einer undurchsichtigen Decke zugedeckt oder an unzugänglicher Stelle versteckt war.

Nahrung der Greifvögel

Kleine Arten benötigen in der Regel relativ mehr Nahrung als größere. So braucht z. B. der Turmfalke täglich etwa 50 g Nahrung, was 23 bis 27 % des eigenen Körpergewichts beträgt. Der Kaiseradler kröpft täglich etwa 500 g Fleisch. Relativ braucht er weniger Nahrung, denn die angeführte Menge entspricht umgerechnet nur 11 bis 14 % seines Gewichtes.

Die Nahrung wird von den Greifvögeln weder gekaut noch zermalmt, sondern mit dem Schnabel in kleinere Stücke gerissen und dann mitsamt Knochen, Federn und Haaren gekröpft. Das Geschmeiß ist sehr dünnflüssig und wird aus dem After auf eine beachtliche Entfernung herausgespritzt. Die Harnblase fehlt also bei den Greifvögeln völlig, wie bei den Vögeln überhapt, der Harn wird in einen weißlichen Brei verwandelt, der gemeinsam mit der Losung ausgeschieden wird.

Die unverdaulichen Nahrungsteile, Haare, Chitinteile der Insekten, Federn, Krallen, Schnäbel und zum Teil auch Knochen sammeln sich im Magen an und werden in Form von walzenförmigen Gebilden durch Rachen und Schnabel wieder herausgewürgt.

Abb. 4 *Kopfdetails:* A — Habicht, B —.Wanderfalke.
Der Habicht jagt in den Baumkronen oder über dem Boden. Deshalb sind seine Augen von oben durch die hervorstehenden Überaugenbogen gedeckt und blicken geradeaus. Hingegen sind die Augen des Wanderfalken, eines typischen Jägers der Lüfte, seitlich des Kopfes angebracht, treten leicht hervor und erfassen ein sehr breites Blickfeld.

Manche Greifvögel vermögen jedoch auch verhältnismäßig große und massive Knochen zu verdauen (Geier). Die Greifvögel nähren sich zumeist von anderen Lebewesen, hauptsächlich Vögeln und Säugetieren. Manche jagen durch ausgesprochene Verfolgung, wobei sie andere Vogelarten aus der Luft überfallen (Wanderfalke). Andere Greifvögel, wie z.B. Habicht und Sperber, nützen bei der Jagd die Überraschung des Opfers aus. Im Tiefflug greifen sie das Beutetier, im Gezweig der Bäume oder am Boden an. Außer kleinen Wirbeltieren jagen kleinere Greifvögelarten auch fliegende Insekten oder klauben sie unmittelbar vom Boden auf (Baumfalke, Turmfalke).

Das sind die Hauptjagdarten der Greifvögel. Abgesehen davon gibt es jedoch eine Reihe von Nahrungsspezialisten, die nicht nur auf die verschiedenartigsten Lebewesen ausgerichtet sind, sondern mitunter auch auf eine völlig unterschiedliche und bei Greifvögeln ungewöhnliche Nahrung. Einige Greifvögel jagen Fische (Fischadler, Seeadler), der Schlangenadler und der Sekretär kröpfen am liebsten Schlangen und Eidechsen. Manche Greifvögel plündern Vogelnester mit Eiern. Die südamerikanische Harpyie sowie einige andere Greifvögel, wie z.B. der Affenadler, sind der Schrecken der Affen und der Faultiere. Auf einem umfassenden

Gebiet Süd- und Mittelamerikas lebt der Krabbenbussard, der aus den seichten Küstengewässern und Flüssen Krebse und Krabben fischt. Mit seinen kräftigen Krallen zerscharrt der Wespenbussard die Nester der Wespen und Hummeln und tut sich an ihrem Produkt gütlich. Andere Greifvogelarten ernähren sich von Fruchtschalen der Ölpalmen, von Schnecken oder jagen Fledermäuse im Fluge.

Manche Greifvögel haben sich Handlungsweisen angewöhnt, die als Nahrungsparasitismus bezeichnet werden können. Ein markanter Parasitismus ist z.B. bei den Milanen entwickelt, die zwar durchaus fähig sind, selbst lebende Beutetiere zu schlagen, jedoch lieber anderen Greifvögeln ihre Beute abnehmen. Auf ähnliche Weise besorgt manchmal auch der Mäusebussard seine Nahrung.

Greifvögelflügel — perfekte Flugapparate

Die Beschaffenheit der Nahrung sowie die Art und Weise, auf die sie erlangt wird, haben maßgeblichen Einfluß auf den Körperbau der Vögel, z. B. auf Form und Anordnung der Läufe, Flügel und anderer Körperteile. Die Greifvögel, die in luftigen Höhen ihre Beutetiere jagen, haben schmale, sichelförmig gekrümmte und am Ende zugespitzte Flügel mit einer hohen Bewegungsfrequenz (Wanderfalke). Das Gegenteil sind z.B. die Flügel von Habicht und Sperber, die ihre Beutetiere zwischen den Bäumen ergreifen.

Abb. 5 *Greifvogelflugstudien*
A — Gleitflug beim Ausschau nach Beute
    (1 — Seeadler, 2 — Mäusebussard, 3 — Wanderfalke)
B — Sturzflugangriff auf die Beute
    (4 — Steinadler, 5 — Fischadler, 6 — Baumfalke,
    7 — Wanderfalke)
C — Rütteln beim Ausschauhalten nach Beute
    (8 — Fischadler, 9 — Weihe, 10 — Turmfalke)

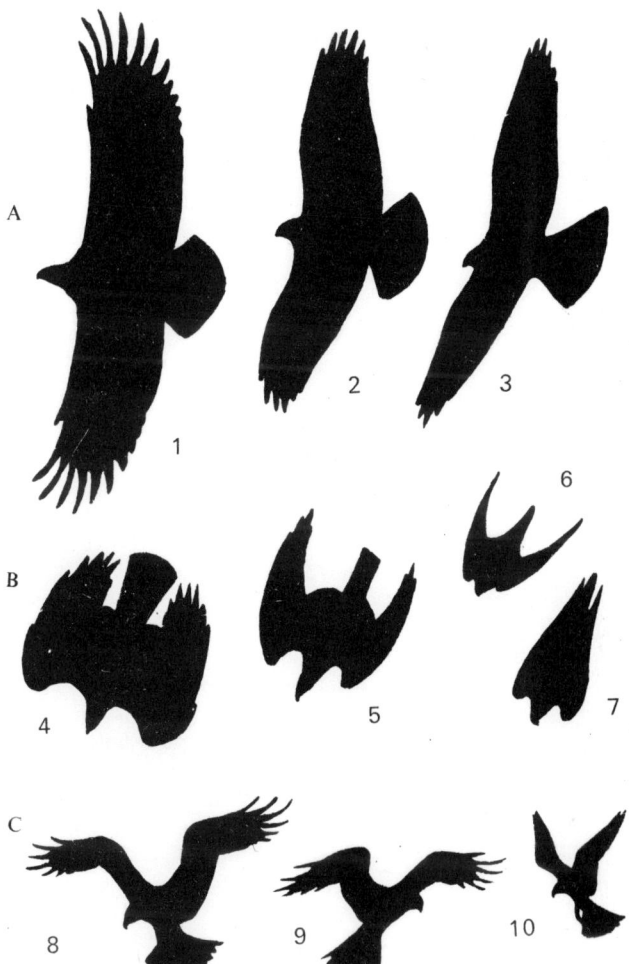

Hier würden die langen und schlanken Flügel eines Wanderfalken schwerlich zur Geltung kommen. Deshalb sind die Habichtflügel kurz, abgerundet, verhältnismäßig breit und haben an den Enden eine Fingerung. Sie bieten ausgezeichnete Voraussetzungen zum Manövrieren, zur Ausführung heftiger und rascher Wendungen, zum sofortigen Start und blitzschnellen Abbremsen bei minimalem Raumbedarf, wobei die Manövrierfähigkeit von Habicht und Sperber noch durch den langen und weit ausbreitbaren Stoß unterstützt wird. Sie verleihen dem Vogel über kurze Strecken eine beachtliche Geschwindigkeit, sind hingegen für eine dauernde Verfolgung über längere Strecken hinweg weniger geeignet.

Bei der dritten Greifvogelgruppe sind die Flügel mehr oder minder passend für den Segelflug gebaut. Die typischen Segelflieger, Adler, Geier und Neuweltgeier haben Flügel mit einer beachtlichen Spannweite und einer riesigen, durch Länge und Breite der Flügel gegebenen Tragfläche. Dieser Flügelbau ermöglicht einen Daueraufenthalt in luftigen Höhen, von wo aus die Vögel nach Beute Ausschau halten.

Alle Greifvögel beherrschen die beiden, für die Mehrzahl der Vögel charakteristischen Flugarten. Die erste Flugart ist die aktive Bewegung der Flügel, der Ruderflug. Dabei greift der Flügel in regelmäßigen Zeitabständen in die Luft, wobei seine Spitze eine Ellipse umschreibt. Es handelt sich also um eine den Bewegungen der Ruder im Wasser gleichende Bewegung und nicht nur um ein bloßes Auf- und Abwärtsschwingen der Flügel. Beim Durchgreifen mit den Flügelflächen schiebt sich der Vogel, im wörtlichen Sinn, nach vorn und erreicht eine Vorwärtsgeschwindigkeit, bei der die Auftriebskräfte an der Flügeloberfläche zur Geltung gelangen. Des Ruderfluges bedienen sich vor allem jene Greifvögel, die ihre Beute in der Luft (Wanderfalke) oder durch Überfälle zwischen Bäumen (Sperber) jagen. Dadurch soll allerdings nicht gesagt sein, daß sie des Gleitfluges unkundig wären.

Eine Modifikation des Ruderfluges ist das Rütteln, das besonders für einige Falken (Turmfalke) kennzeichnend ist, doch ebenso für Bussarde, Milane und Fischadler. Der fliegende Vogel kehrt sich mit dem Stoß senkrecht der Erde zu und schwingt die ganzen Flügelflächen heftig vor- und rückwärts. Die dadurch entstehenden Triebkräfte kompensieren sich gegenseitig, der Vogel korrigiert die Flugbewegung auch durch Steuern mit dem ausgebreiteten Stoß und hängt auf diese Weise an einer Stelle in der Luft. In der Regel nutzt er dabei den Gegenwind aus. Das Rütteln dient dem Ausfindigmachen der Beute am Boden oder im Wasser.

Eine mehr spezialisierte Flugart ist der Segelflug. Die sich des Segelfluges bedienenden Vögel vermögen stundenlang in großer Höhe dahinzufliegen, wobei sie jeden Lufthauch sowie die thermischen Strömungen ausnützen, die durch die Lufterwärmung und den Luftumlauf entstehen. Ein solcher Segler ist jedoch zu einem ziemlichen Grad auf Gnade oder Ungnade der Natur angewiesen. Wenn keine günstigen Voraussetzungen gegeben sind, ist der Segelflug ausgeschlossen. Hervorragende Segelflieger sind die Neuweltgeier, Adler, Bussarde, sowie andere Greifvögel mit langen und breiten Flügeln.

Die verschiedenen Flugarten sind das Ergebnis der Anpassung an bestimmte Gegebenheiten in einem bestimmten Biotop, wobei die Nahrungsspezialisierung die Hauptrolle spielt. Deshalb ist unter den Greifvögeln kaum ein schlechter Flieger zu finden. Alle sind fähig, große Entfernungen zurückzulegen, und im Frühling, zur Zeit des Hochzeitsfluges, können sie stundenlang hoch in den Lüften kreisen und Kunstflugstücke vorführen, die von einer außerordentlichen Fluggewandtheit zeugen.

Sozialbeziehungen der Greifvögel

Die Greifvögel bewohnen die verschiedenartigsten Gegenden. Sie leben, jagen und horsten in Wäldern, im offenen parkartigen Gelände, in buschartigen Steppen, im Felsengebirge, im Ried stehender und fließender Gewässer, auf Felseninseln im weiten Meer und in der ausgedörrten Wüste. Manche leben sogar — in einer Gemeinschaft mit dem Menschen — in Städten und Dörfern.

Was den Sozialcharakter ihrer Lebenweise angeht, sind sie

zumeist Einzelgänger. Die Bildung von Paaren erfolgt nur in der Zeit der Vermehrung und der Aufzucht der Jungen. Ein ausgeprägter Zusammenhalt in Scharen kann beim Auftauchen der Beute oder bei Individuen beobachtet werden, die sich in der Nähe von Abfallplätzen zusammengefunden haben (Geier, Neuweltgeier, Milane). Bei einigen Greifvögeln erfolgt sogar die Bildung festerer gesellschaftlicher Formationen, und sie horsten in kleineren Kolonien (Geier, Milane). Als gesellschaftlicher Zusammenhalt können auch die Scharen bezeichnet werden, die hauptsächlich im Herbst jene Greifvögel bilden, die regelmäßig in ihre weitentfernten Winterquartiere ziehen oder sich aus Gründen der Nahrungsbeschaffung in günstigere Gebiete begeben.

Eine typische soziale Formation entsteht zu Beginn der Vermehrungszeit, die zum überwiegenden Teil im Frühjahr liegt. Um diese Zeit bilden sich Paare als Grundlage der späteren Familie. Die Greifvögel sind monogamische Vögel und die einmal eingegangene Ehe dauert Jahre, solange nicht einer der Partner vom Tod hinweggerafft wird. Besonders bei den großen Greifvögeln ist dieser Bund äußerst eng, und das Paar kehrt auch regelmäßig lange Zeit hindurch zum gleichen Horstplatz zurück.

Die eigentliche Brautwerbung wird durch die Balz begleitet, die sich meist im Flug abspielt, manchmal jedoch auch zu ebener Erde. Das Männchen, aber auch häufig das Weibchen, vollführen in der Luft verschiedene Kunststücke, Sturz- und Steilflüge, scheinbar ohnmächtige Stürze, Gleitflüge in starrer Stellung, vorgetäuschte Angriffe, Rütteln am Ort, Fallenlassen und Auffangen von Reisern, Kehrflüge usw.

Horstbau

Paare, die bereits zum wiederholten Male horsten, benützen einen ihrer früheren Horste. Junge, zum ersten Mal horstende Greifvögel müssen ihren Horst erst bauen. Manche horsten auf Bäumen (Habicht, Sperber, Mäusebussard), andere in hohlen Stämmen (Turmfalke), Adler und Geier auf geeigneten Felsplatten im Gebirge. In der Steppe und in der Tundra horsten einige Greif-vögel auch am Boden (Nordlandfalken, Steppenadler), und die Weihen nehmen Zuflucht in die Schilfdickungen inmitten der Sümpfe. In den Türmen alter Burgen und Kirchen, oder an ähnlichen Stellen, horsten mitunter Turm- und ausnahmsweise auch Wanderfalken.

Der Horstbau ist, besonders bei den größeren Greifvögeln, keine einfache Angelegenheit, und so wird der einmal errichtete Horst dann auch jahrelang benützt. Durch die ständigen Ausbesserungen und Zubauten erlangt er Respekt erweckende Dimensionen. Es gibt jedoch auch eine ganze Reihe von Greifvögeln, die durchaus nicht auf den Horstbau aus sind. Der Wanderfalke zieht nur in verlassene Krähen-, Reiher- und Saatkrähennester oder in Nester anderer Vögel und baut niemals einen eigenen Horst.

Am Horstbau beteiligen sich in der Regel beide Partner und errichten eine Konstruktion aus größeren und kleineren Zweigen. Erst die weiteren Schichten werden aus feineren Werkstoffen gebildet, und die eigentliche Auskleidung, auf der das Gelege und später die Jungen sein werden, besteht aus einer weichen Schicht von Gräsern, Moos, Tierfellen, Federn, aber auch häufig aus Lumpen, Papier und anderen Abfällen. Die Weihen benützen zum Horstbau umgebrochene Schilfhalme. Inmitten des Horstes entsteht eine Mulde, die Ränder sind höher und werden während der ganzen Nistzeit ununterbrochen ausgebessert.

Brutzeit

Die Eier der Greifvögel haben zumeist eine kurz elliptische Gestalt (Adler-, Bussard-, Milan- und Wanderfalkeneier), in anderen Fällen wiederum eine ovale bis kugelige. Die Färbung der Eier ist bei einigen Greifvögeln weiß, bei anderen intensiv fleckig.

Sämtliche Greifvögel horsten in der Regel nur einmal im Jahr. Große Greifvögel legen meist nur 1 bis 2 Eier, kleinere Arten (Turmfalke) auch 6 bis 7. In den nördlichen Gebieten, wo die

21

Lebensbedingungen härter sind und die Hoffnung auf ein Überleben geringer ist, legt das Weibchen mehr Eier als bei den im Süden lebenden Arten. Bei den Myophagen, d. s. jene Greifvögel, die sich von kleinen Nagetieren nähren, wird die Anzahl der Eier im Gelege durch Nahrungsmangel oder -überfluß bestimmt. Bei einer genügenden Menge Nahrung, in den sogenannten Mäusejahren, werden mehr Eier gelegt, und wenn dann die Hungerjahre kommen, wird oft mit dem Brüten überhaupt nicht begonnen.

Im Brüten lösen einander beide Vögel ab, wenngleich auch der Anteil des Weibchens unvergleichlich größer ist. Das Männchen brütet in der Regel nur kurze Zeit am Morgen, zu Mittag und am Abend. Es versorgt jedoch das brütende Weibchen, ebenso wie später die Jungen, nach Kräften mit Nahrung.

Das Weibchen beginnt mit dem Bebrüten in der Regel, sobald das erste Ei gelegt ist. Weitere Eier folgen dann in Zeitabständen von 48 bis 72 Stunden. Bei Greifvögeln mit größerem Gelege tritt dadurch eine ungleichmäßige Entwicklung des Keimes ein, und die Jungen schlüpfen auch in Zeitabständen von einigen Tagen aus. Die jüngsten werden dann von ihren älteren und kräftigeren Geschwistern verdrängt, bleiben in der Entwicklung zurück und gehen schließlich infolge allgemeiner Erschöpfung ein, oder sie werden von ihren Geschwistern getötet und gekröpft. Der Kannibalismus ist bei den Greifvögeln eine völlig geläufige Erscheinung und steht häufig auch mit dem Nahrungsmangel im Zusammenhang.

Das Bebrüten der Eier dauert bei den Greifvögeln verhältnismäßig lange. Kleinere Greifvögel brüten ungefähr vier Wochen, größere, wie die Geier, brüten 50 bis 55 Tage.

Aufziehen der Jungen

Die Greifvögel gehören zu den Nesthockern, deren Junge nach dem Ausschlüpfen noch eine bestimmte Zeit im Horst verbleiben und von den Alten gepflegt und geatzt werden, bis sie flügge sind und den Horst verlassen können. Die Greifvögel schlüpfen als

Dunenjunge aus dem Ei und sind sofort sehend. In den ersten Lebenstagen sind sie höchst kälteempfindlich und werden deshalb vom Weibchen dauernd gewärmt. In dieser Zeit besorgt das Männchen für die ganze Familie allein die Nahrung und bringt sie dem Weibchen, das sie in kleine Stücke reißt. Erst später begibt sich auch das Weibchen auf Jagd und legt die Beutetiere den Jungen im ganzen vor. Bei einigen Arten ist die Sorge um die Jungen zwischen beide Eltern aufgeteilt. Beide jagen und tragen die Beute herbei, doch bearbeitet sie das Weibchen und legt sie auch den Jungen vor. Wenn die Jungen noch so klein sind, daß sie die Beute nicht selbst zu zerreissen vermögen, und das Weibchen kommt ums Leben, verhungern sie, denn das Männchen schafft ihnen zwar reichlich Beute herbei, versteht sich jedoch nicht auf ihre entsprechende Bearbeitung. Geier und Neuweltgeier müssen die Nahrung oft aus großen Entfernungen herbeischaffen. Sie stopfen sie deshalb in ihren dehnbaren Kropf und würgen sie dann wieder aus dem Schnabel hervor.

Die Zeit der Jungenaufzucht dauert bei den Greifvögeln ungewöhnlich lange. Kleinere Greifvögel, wie z. B. der Turmfalke, ziehen ihre Jungen etwa einen Monat lang im Horst auf, bei großen Arten (Geier, Neuweltgeier, Sekretär) dehnt sich die Zeit der Nestpflege bis auf ein Drittel des Jahres aus. Sobald die Jungen völlig selbsständig sind, stellen die Alten die Atzung ein. Die Geschlechtsreife erreichen kleinere Arten bereits im ersten Lebensjahr, größere Arten beginnen erst im vierten oder fünften Lebensjahr zu horsten.

EULEN

Größte und kleinste Eulen

Die ähnliche Lebensweise und besonders die auffallende Ähnlichkeit der Nahrungsbeschaffung und der Nahrungszusammensetzung führten zu der Ansicht, daß Greifvögel und Eulen sehr nahe Verwandte seien. In Wirklichkeit haben die Eulen zu den Greifvögeln recht weit, und ihre nächsten Verwandten sind eher unter den Rackenvögeln und Ziegenmelkern zu suchen. Die Bezeichnung „Nachtraubvögel" ist darauf zurückzuführen, daß sie, ähnlich wie die Greifvögel, kräftige Läufe besitzen, deren nadelscharfen, bogenförmigen Krallen bewehrte Zehen zum Ergreifen der Beutetiere geeignet sind, daß sie einen ähnlichen hakenförmig gebogenen Schnabel haben und daß ihre Nahrung zum größten Teil aus warmblütigen Wirbeltieren besteht.

Die Eulen erreichen niemals jene Dimensionen, die bei den größten Greifvögeln gegeben sind. Die kleinste, etwa stargroße Eule wiegt ungefähr 75 g, und ihre Flugbreite beträgt 35 bis 40 cm (Sperlingskauz). Die mittelgroßen Eulen, die ungefähr die Größe einer Saatkrähe, Dohle oder Taube erreichen, haben ein Gewicht von 200 bis 700 g und eine Flugbreite von 90 bis 110 cm. Zu den mittelgroßen Eulen gehören Schleiereule, Waldkauz und Waldohreule. Die allergrößten Eulen, Uhu und Schnee-Eule, wiegen 2,5 bis 3,5 kg, und ihre Spannweite erreicht 150 bis 180 cm.

Die überhaupt kleinste Eule ist das Elfenkäuzchen, das die Kaktuswüsten im Südwesten der USA und in Mexiko bewohnt und ungefähr die Größe einer Kohlmeise erreicht. Der Gegensatz dieses Kobolds ist der Riesenfischuhu, der in Nordchina und in den nördlichen Teilen Japans vorkommt und es auf eine Spannweite von 2 m bringt.

Geheimnis des Eulenfluges

Der Sexualdimorphismus (geschlechtliche Formunterschiede) ist bei den Eulen nur auf das Gewicht beschränkt. Die Weibchen sind stets etwas größer und schwerer als die Männchen. Es bestehen jedoch keine Unterschiede im Federkleid. Auch das Jugendkleid unterscheidet sich nicht vom Alterskleid. In der Farbgebung der Eulen herrschen unauffällige graue, bräunliche, rostfarbene oder weißliche Töne vor, deren Gesamtheit eine rindenähnliche Tarnfärbung ergibt. Nur die Schnee-Eule ist markanter gefärbt, sofern ihr fast weißes Federkleid allerdings überhaupt als Färbung bezeichnet werden kann. Auch hier handelt es sich vor allem um die Anpassung des Federkleides an die Umgebung.

Das Federkleid der Eulen zeigt allerdings eine Besonderheit, die eng mit der Nahrungsspezialisierung zusammenhängt. Die Größe der Eule machen die sehr langen, seidigfeinen, dichten und lockeren Federn aus. Dieses reiche Federkleid ist jedoch nicht als Kälteschutz gedacht, denn eine ähnliche dichte ,,Polsterung" besitzen sowohl die Eulen der Polargebiete, als auch jene aus den Tropen. Der Sinn dieses ganz eigenartigen Federkleides ist ein anderer. Beim Flug rufen die Schwingen der meisten Vögel ein sausendes Geräusch mit einem hohen Anteil an Ultratönen hervor, die für das menschliche Ohr nicht mehr vernehmbar sind. Wühlmäuse, Mäuse, Ziesel und andere Beutetiere der Eulen vermögen auch diese Ultratöne zu vermerken. Eine fliegende Eule ist jedoch nicht zu hören. Unerklärt bleibt jedoch bis heute, ob die Geräuschlosigkeit des Fluges auch durch die kammartige Fransung des Vorderrandes der beiden ersten Schwingen verursacht wird.

Selbst beim Aufsitzen auf einen Ast, Felsen oder auf den Boden verursacht die Eule keinerlei Geräusch, da die Zehen mit Flaumfedern bewachsen sind. Alle diese Eigenschaften haben einen Sinn: die Beute durch den geräuschlosen Angriff umso mehr zu überraschen. Eine Ausnahme bildet z. B. der Riesenfischuhu, dessen lange Läufe unbefiedert sind. Fische und Krabben werden ja im Wasser gejagt, wo die Befiederung der Fänge zwecklos wäre.

Nachtsehen der Eulen

Das Leben in der Nacht und in der Dämmerung führte bei den Eulen zu einer weitgehenden Vervollkommnung von Gesichtssinn und Gehör. Das Eulenauge nimmt nicht nur einen großen Teil der Oberfläche des Kopfes ein, sondern füllt auch einen erheblichen Teil des Schädelraumes. Es ist mit einer großen Linse ausgestattet und mit einer ungemein rasch arbeitenden Iris, die sich im Dunkeln sofort erweitert und sich beim Auffallen des Tageslichtes auf das Auge rasch wieder zusammenzieht. Dadurch wird die in das Auge durch die Pupille eintretende Lichtmenge geregelt. Bei den Eulen zieht sich die Pupille eines jeden Auges unabhängig vom anderen zusammen.

Ein so großes kugelförmiges Auge würde jedoch im Kopf einen zu großen Raum einnehmen und so wurden auf Kosten der Augenform Linse und Hornhaut durch eine fast zylinderförmige, teleskopische Anordnung des Auges vergrößert. Je größer Linse und Hornhaut sind, desto mehr Lichtstrahlen fangen sie ein und um so lichtstärker ist das Auge. Dadurch wird gleichzeitig widerlegt, daß die Eulen bei Tage nicht sehen. Im Gegenteil, das Sehvermögen der Eulen ist bei Tage ebenso leistungsfähig wie das menschliche Auge, in einigen Fällen sogar noch leistungsfähiger.

Das eigentliche Sehen erfolgt in der Netzhaut, von wo aus die einzelnen Sehzellen die Reizwirkungen an das Gehirn weiterleiten. Nach der Zahl der Sehzellen kann auf das Sehvermögen eines gestimmten Lebewesens geschlossen werden. Beim Molch z. B. entfallen auf 1 mm² ungefähr 2500 Zellen, beim Frosch 95 000, beim Menschen und bei der Katze 400 000 und beim Waldkauz 680 000 Zellen. Es gibt zweierlei Sehzellen. Die stäbchenförmigen Zellen erhöhen den Scharfblick, gestatten jedoch nur ein schwarz-weißes Sehen, während die zäpfchenförmigen Zellen die Farbunterscheidung ermöglichen: Tiere, die bei Tage aktiv sind, haben viel mehr zäpfchenförmige Sehzellen, während diese bei den Nachttieren fast vollkommen fehlen.

Konkrete Angaben über die Lichtempfindlichkeit des Auges bei Wirbeltieren sind nur spärlich. Die Schleiereule vermag eine Maus auch bei einer Beleuchtungsstärke von 0,000 002 Lux (1 Lux ist die Beleuchtungseinheit) zu sehen und zu ergreifen. Eine Reihe von Tagvögeln ist außerstande, selbst bei einer 46 000mal stärkeren Lichtintensität gut zu sehen. Das bedeutet, daß das Eulenauge in der Lage ist, selbst die allerkleinsten Lichtspuren auszunützen, die unser Auge als undurchdringliche Finsternis empfindet. Doch auch das Eulenauge ist nicht imstande, im absoluten Dunkel zu sehen.

Ein zylindrisches Auge ist jedoch gegenüber dem kugelförmigen wesentlich weniger beweglich und kann sich nicht drehen. Beide Eulenaugen sind deshalb nebeneinander angebracht, nach vorn gerichtet und schließen einen verhältnismäßig kleinen Winkel ein (haben ein schmales Einbeziehungsfeld). Während z. B. der Turmfalke einen Blickwinkel von 220° umfaßt und daher eine beträchtliche Fläche überblicken kann, beträgt der Blickwinkel der Schleiereule nur 160°. Bei den Eulen wird jedoch der relativ kleine Blickwinkel durch eine große Beweglichkeit des Kopfes und die Fähigkeit des Raumempfindens wettgemacht. Die besonders konstruierten beiden ersten Wirbel ermöglichen das Drehen des Kopfes um 270° so daß die Eule mit dem Rücken zum Beobachter sitzen und ihm dennoch das Gesicht zuwenden kann.

Vögel mit seitlich angeordneten Augen sehen zwar die Dinge nur flächenmäßig, doch ist ihr Blickfeld größer. Für eine perfekte Orientierung und eine Einschätzung der Entfernung ist jedoch das Raumempfinden von größter Wichtigkeit. Bei der Mehrzahl der Vögel umfaßt das Blickfeld beider Augen fast das ganze Panorama, also fast 360°, ihr Raumempfinden ist jedoch verhältnismäßig gering (6°—25°). Eine Ausnahme bilden die Greifvögel und vor allem die Eulen, die räumlich einen Ausschnitt von 70° bis 80° sehen. Das ist ein weiterer Vorzug, der den Eulen die Jagd und genaue Zielsetzung des Angriffes, auch bei ungünstigen Lichtverhältnissen ermöglicht.

Wahrscheinlich sind alle Eulenarten weitsichtig und vermögen Gegenstände auf kurze Entfernungen schlecht zu unterscheiden, bzw. sehen sie fast überhaupt nichts. Deshalb orientieren sie sich beim Untersuchen der Beute nicht mit den Augen, sondern mit Hilfe der Tastborsten, die in beachtlicher Zahl an der Schnabelwurzel sowie an den Schnabelwinkeln stehen. Auch die Jungen reagieren auf die dargebotenen Happen erst, wenn diese die Tastborsten berühren.

Jagd nach Gehör

Im Unterschied zu den anderen Vögeln haben die Eulen recht auffällig entwickelte „Ohrmuscheln" in Form von Hautfalten, auf denen besondere steife Federn stehen. Diese „Ohrmuscheln" vermögen die Ohröffnung abzuschließen, doch kann die Eule sie auch bis zu einem gewissen Grad bewegen und so den Empfang der Töne begünstigen. Außer den Ohrmuscheln nützen die Eulen zum besseren Empfang der Schallwellen auch 'die trichterartige Gesichtsform, den sogenannten Schleier aus, der durch ein System zentrisch wachsender Federn um die Augen gebildet wird. Dieser Schalltrichter steigert das Schallempfangsvermögen.

Die Eulen haben sogar von allen Vögeln das am höchsten entwickelte Richtungshörvermögen, d. h. die Fähigkeit den Schall zu lokalisieren. Die Schallursprungsstelle vermögen die Eulen mit einer Genauigkeit von $1°$ zu bestimmen. Wenn eine Eule 20 m entfernt von einer nagenden Wühlmaus sitzt, ist sie imstande, allein mit dem Gehör festzustellen in welchem etwa 35 cm umfassenden Bezirk, sich der Nager aufhält. Bei einer Entfernung von 10 m kann sie schon mit unbeirrbarer Sicherheit angreifen, da sich die Beute in einem Bezirk von 17 cm Größe befinden muß.

Auf ihre Beute lauern die Eulen entweder an irgendeiner erhöhten Stelle oder kundschaften im langsamen Tiefflug. Sie ergreifen die Beute mit den Krallen, jedoch niemals quer, wie die Greifvögel, sondern stets in Richtung der Längsachse.

Abb. 6
Lauf der Waldohreule. Die vierte (äußere) Zehe ist nach rückwärts gekehrt und wird als Wendezehe bezeichnet. Die Beute wird mit zwei Zehen von vorn und mit zwei Zehen von hinten ergriffen. Zehen sind bis zu den Krallen befiedert.

Besonderheiten der Verdauung

Die Eulen haben keinen Kropf wie die Greifvögel, deshalb lagern sie überschüssige Nahrung entweder als Vorrat in der Nähe des Horstes oder in geeigneten Höhlen ein. Meist sind die Eulen auf eine bestimmte Nahrungsart spezialisiert. Sie nähren sich von kleinen Säugetieren, aber auch von Vögeln, Insekten, Amphibien, ausnahmsweise auch von Fischen, Krebsen und Aas.

Die Art der Bearbeitung von Beute ist völlig anders als bei den Greifvögeln. Mit dem Schnabel wird der Körper des Nagetieres etwas zerdrückt und dann im ganzen gekröpft. Nur große Eulen müssen die erbeuteten Hasen oder Enten in kleinere Stücke teilen. Stets kröpfen sie die Fleischhappen jedoch mit Haaren, Federn, Schuppen und harten Flügeldecken. Ihr Magen verfügt jedoch nicht über eine ausreichende Menge Magensäure, die diese Stoffe aufzulösen imstande wäre. Deshalb müssen die unverdaulichen Teile wieder durch den Schnabel herausgewürgt werden. Diese walzenförmigen, aus verfilzten Haaren, Federn, Knochen, Krallen, Chitinteilen und Schuppen bestehenden Gebilde werden Gewölle genannt. Der Verdauungstrakt der Eulen ist der Art der Nahrung so angepaßt, daß sie bei einer dauernden Ernährung mit reinem Fleisch, also ohne der genannten zusätzlichen Substanzen, erkranken und schließlich eingehen würden.

Die Eulen geben täglich in der Regel zwei Gewölle von sich, eines in der Nacht, am Verdauungsplatz, das zweite am Tage am Ruheplatz. Vor jedem weiteren Beutezug entledigt sich die Eule des Gewölls. Nach Sättigung verläuft die Verdauung so rasch, daß nach 3 Stunden das Gewölle herausgewürgt wird.

29

Wie und wo die Eulen horsten

Eigene Horste baut nur die Sumpfohreule, alle anderen Eulen nehmen alte Nester anderer Vögel in Beschlag oder nisten in hohlen Bäumen, Felsspalten, auf Dachböden oder in Erdhöhlen. In der Regel brüten die Eulen nur einmal jährlich. Die Eier sind stets rein weiß und kugelig. Tropeneulen legen nur 2 bis 3 Eier. mitteleuropäische 3 bis 5 Eier und arktische Eulen 10, in Zeiten des Nahrungsüberschusses sogar bis 13 Eier. Die Mehrzahl der europäischen Eulen beginnt im März und April zu horsten, einige bereits im Februar, und die Legezeit endet in der Regel im Mai bis Juni. Bei Nahrungsüberschuß werden auch zwei Gelege im Jahr erbrütet, bei Nahrungsmangel verringert sich die Eierzahl des Geleges oder wird das Brutgeschäft nicht aufgenommen.

Mit dem Bebrüten der Eier und dem Hudern der Dunenjungen beschäftigt sich meist nur das Weibchen. Mit dem Brüten wird nach dem Legen des ersten Eies begonnen. Die Jungen schlüpfen dann ebenfalls in Zeitabständen aus, so daß die Entwicklungunterschiede höchst markant sind. Die Brutdauer schwankt je nach Art zwischen 25 und 35 Tagen. Die Jungen schlüpfen mit geschlossenen Augen aus und tragen ein dichtes Dunenkleid. Den Horst verlassen sie noch bevor sie flügge sind und halten sich in seiner Nähe auf. Die Stimme der Eulen ist volltönend, für das menschliche Ohr jedoch nicht wohlklingend. Nur wenige haben eine melodisch pfeifende Stimme. Zu ihren Äußerungsmitteln gehört auch ein besonderes, hart klingendes Klappern mit dem Schnabel und das Flügelklatschen während der Balz.

Die Eulen sind meist Einzelgänger, nur einige Arten gesellen sich unter bestimmten Umständen zu größeren Scharen zusammen (Sumpfohreule, Waldohreule). Die Eulen sind in 134 Arten und 30 Gattungen in allen Erdteilen verbreitet. Die Mehrzahl lebt in Wäldern, einige hausen jedoch auch in öden Steppen, in der schneebedeckten Tundra, in unzugänglichen Felsen sowie in der Nähe menschlicher Behausungen. Sie kommen sowohl in der Ebene als auch im Hochgebirge vor.

BILDTAFELN

GREIFVÖGEL

Aasgeier
Neophron percnopterus (L.)

Geier
Aegypiidae

Zur Durchführung verschiedener Verrichtungen bedienen sich die Vögel nur ihrer Körperteile und haben oder kennen keinerlei Werkzeuge. Doch keine Regel ohne Ausnahme. Und so gibt es auch unter den Vögeln einige Spezialisten, denen die Benützung von Werkzeugen nicht unbekannt bleibt. Der erste ist der Spechtfink aus der Unterfamilie *Darwinsfinken,* der mittels eines abgebrochenen Kaktusstachels unter der Baumrinde versteckte Insekten aufspießt und hervorzieht. Die beiden anderen Werkzeuge benützenden Vögel gehören zu den Greifvögeln. In Australien lebt der Haubenmilan, *Hamirostra melanosternon,* der eine besondere Vorliebe für Eier hat. Sobald er einen brütenden Emu entdeckt, verscheucht er ihn zunächst durch vorgetäuschte Angriffe, dann ergreift er mit den Fängen einen starken Knüppel oder einen Stein, fliegt in die Höhe und bombardiert so lange das ungeschützte Gelege, bis ein Treffer gelingt. Dann klaubt er den Inhalt der zerschmetterten Eier aus.

Ähnlich verhält. sich auch der Aasgeier. Geraubte Eier aus geplünderten Pelikan- oder Flamingonestern faßt er mit dem Schnabel und schlägt sie so lange gegen eine harte Unterlage, bis die Schale bricht. Wenn er Straußeneier erbeutet, die er nicht mehr mit dem Schnabel fassen kann, sucht er einen geeigneten Stein, nimmt ihn in den Schnabel und schlägt mit diesem „lebendigen Hammer" solange auf die Eier ein, bis es ihm gelingt, sie an irgendeiner Stelle zu beschädigen. Den Inhalt noch unangebrüteter Eier trinkt er vorsichtig aus, und wenn sich ein Embryo darin befindet, schlürft er ihn als besonderen Leckerbissen hinunter. Der Aasgeier nährt sich jedoch durchaus nicht nur von Eiern, wesentlich häufiger hält er sich, gemeinsam mit anderen Geierarten, an Aas, muß sich jedoch wegen seines verhältnismäßig schwachen Schnabels nur mit kleineren und weichen Happen

Aasgeier (Fortsetzung)

begnügen. In Afrika hält er sich oft in Städten oder Dörfern auf, wo er sozusagen die Funktion der Gesundheitspolizei ausübt und in der Umgebung der menschlichen Behausungen Abfälle vertilgt.

Der Aasgeier ist fast über ganz Afrika, Vorderasien und im Osten bis nach Westindien und dem Turkestan verbreitet. In Europa horstet er in Portugal, Spanien, Südfrankreich, in Italien, auf Sardinien und Korsika, am Balkan und in Rumänien. In Mitteleuropa ist er vereinzelt als Irrgast anzutreffen. Die Vögel aus den nördlicheren Gebieten sind Zugvögel, und namentlich jene aus Europa und Nordafrika überwintern in Äquatorialafrika. Der Herbstzug findet im August bis September statt, die Rückkehr an die Brutstätten meist im März.

Von den übrigen Geiern ist er leicht zu unterscheiden, da er ganz schmutzigweiß ist, mit Ausnahme der schwarzen Flügel, die sich markant vom weißen Federkleid abheben. Jungvögel sind braun. Ebenso wie bei den meisten Geiern sind auch beim Aasgeier Gesicht und Hals nackt. Er ist etwa 58 bis 66 cm lang, wiegt etwa 2 kg und hat eine Spannweite von 145 bis 160 cm.

Mit dem Bau des meist in Felsennischen untergebrachten Horstes beginnen die Aasgeier Mitte März bis April, und das Weibchen legt in der Regel nur zwei rostbraun marmorierte Eier. Das Brutgeschäft betreiben Männchen und Weibchen gemeinsam, die Jungen schlüpfen nach 42 Tagen aus und werden etwa 3 Monate lang im Horst geatzt.

Gänsegeier

Gyps fulvus (HABLIZL)

Am warmen Morgen, wenn überall schon die verschiedensten Tiere und Vögel unterwegs sind, sitzen die Geier noch an ihren Schlafplätzen unter überhängenden Felsen. Die Zeit ihrer Nahrungssuche ist noch nicht gekommen, denn noch gibt es keine genügend starken thermischen Strömungen. Erst gegen 9 Uhr schlurfen sie an den Felsenrand und lassen sich in den Abgrund fallen. Mit ihren ausgebreiteten, fast 2,5 m messenden Flügeln legen sie sich in den aufwärts treibenden Luftkamin. Ohne einen einzigen Flügelschlag schrauben sie sich hoch in die Lüfte, als ob ihre 7 bis 8 kg schweren Körper nicht den Gesetzen der Schwerkraft unterworfen wären. Sie schwärmen nach allen Seiten hin aus und kreisen, gleich winzigen Punkten, jeder über einem bestimmten Abschnitt des Landes, als wäre es gleich einem riesigen Schachbrett in einzelne Felder geteilt.

Die revierenden Geier unterhalten ein perfektes Signalisierungs-system. Jeder kreisende Geier beobachtet den unter ihm liegenden Abschnitt und hält nach Kadavern Ausschau. Dabei widmet er auch den Bewegungen anderer Fleischfresser Aufmerksamkeit. Fliegende Kolkraben, Weihen oder laufende Hyänen lassen nämlich darauf schließen, daß es da irgendwo Nahrung gibt. Außerdem beobachtet jeder patrouillierende Geier auch seine Nebenmänner. Sobald einer von ihnen Nahrung entdeckt — der Gänsegeier z. B., unterscheidet aus einer Höhe von 1000 m einen Happen von Apfelgröße und aus 3650 m ein Lebewesen in der Größe eines Kaninchens — zieht er die Flügel an und geht im Gleitflug zur Erde. Und das ist Alarm für die anderen Geier. Sofort ziehen sie sich zur Stelle, die der erste herunterfliegende Vogel ausgekundschaftet hat, und nach einer kurzen Weile finden sich, wie durch unsichtbare Fäden miteinander verbunden, um das Aas einige Dutzend Vögel ein.

Gänsegeier (Fortsetzung)

Seine bedeutende Kraft ermöglicht es dem Gänsegeier, das Fell der toten Kuh oder Antilope aufzuschlitzen. Dann steckt er den Kopf in die Höhlung und beginnt die Innereien herauszuzerren. Sobald die Zahl der Nahrungskonkurrenten zugenommen hat, hält er sich nicht mehr mit dem Herausziehen auf, sondern verschlingt die Happen mit tief in die Bauchhöhle des Kadavers getauchten Kopf drinnen. Er überfrißt sich im wahren Sinne des Wortes, ruht einige Zeit aus und fliegt erst dann zum Wasser, wo er ausgiebig trinkt und badet.

Dieses Bild kann man überall in Nordwestafrika sowie in Vorder- und Mittelasien beobachten. Dort kommen die Gänsegeier ja auch am häufigsten vor. Doch fehlt dieser 97 bis 104 cm lange Vogel auch in Europa nicht ganz. In nicht allzu großer Zahl horstet er auf der Pyrenäenhalbinsel, auf Sizilien, Sardinien, auf der Balkanhalbinsel, in Rumänien sowie in Südungarn.

Beide Geschlechter sind farbengleich und von ihrem braunröstlichen Gefieder hebt sich deutlich der lange, nur mit kurzem weißlichen Flaum bewachsene Hals ab. Die Halskrause ist bei Altvögeln weiß, bei Jungvögeln braun. Im Januar bis März taucht im Felsenhorst ein einziges Ei auf, aus dem nach 48 bis 54 Tagen ein Junges schlüpft. Dieses verläßt den Elternhorst nach 125 bis 130 Tagen sorgsamer Pflege.

Kuttengeier

Aegypius monachus (L.)

Die Unregelmäßigkeit im Nahrungsvorkommen äußert sich bei den Geiern durch eine weitgehende Anpassungsfähigkeit an die gegebene Versorgungslage. Sie können tagelang hungern oder begnügen sich nur mit ganz kleinen Beutetieren. Am einmal vorgefundenen Aas fressen sie sich dann nicht nur satt, sondern legen sozusagen einen Vorrat an. Sie verschlingen eine derartige Fleischmenge, daß sie lange Zeit ruhen, wenn sie auffliegen müssen, würgen sie in der Regel einen Teil der Nahrung wieder hervor, um das Körpergewicht zu verringern. So verhält sich auch der Küttengeier, ein richtiger Riese unter den Vögeln, der 7 bis 12 kg wiegt und dessen Spannweite fast 3 m mißt. Um den Kadaver herum herrscht ein unbeschreibliches Getümmel, voller Geschrei. Flügelschläge und Raufereien um jeden Happen. Und so kann es wohl kaum Wunder nehmen, daß z. B. 29 Geier binnen 27 Minuten den Leib eines gefallenen Dammhirsches so gründlich abklaubten, daß nur das blanke Skelett übrig blieb.

Der Kuttengeier bewohnt ungefähr den gleichen Biotop wie der Gänsegeier, in Europa ist sein Vorkommen jedoch auf die Pyrenäenhalbinsel, den Balkan und die Krim sowie auf einige Mittelmeerinseln beschränkt. Aus dem einfarbig braunen Federkleid ragt der nackte, fleischbläuliche Hals mit dem verhältnismäßig kleinen Kopf hervor. Die Halskrause ist braun.

Zum Unterschied vom Gänsegeier ist der Kuttengeier ein Baumnister, so daß zwischen beiden keine Horstkonkurrenz besteht. Im Februar bis März legt das Weibchen ein einziges, etwa 1/4 kg wiegendes Ei, aus dem nach 50 bis 55 Tagen das Junge schlüpft. Erst nach 4 Monaten verläßt es den Horst. Die Aufzucht macht einen beträchtlichen Pflegeaufwand seitens der Eltern erforderlich. In den ersten Tagen ist stets einer der Altvögel im Horst, um das Junge zu schützen. Mit der eigenen Körperwärme

Kuttengeier (Fortsetzung)

wird das Junge vor der Kälte oder durch den Schatten der ausgebreiteten Flügel vor den allzu heißen Sonnenstrahlen geschützt.

Der junge Geier wird in der Regel mit Nahrung überhäuft. Die Atzung würgt der Altvogel im Horst heraus und reißt dann davon mit dem Schnabel kleinere Happen ab, die er dem Jungen zureicht. Der Geier verschlingt seine Fleischnahrung mitsamt kleineren Knochenstücken und verabreicht sie deshalb in dieser Form auch seinem Jungen. Es kommt jedoch vor, daß der gereichte Brocken so groß ist, daß ihn das Junge nicht aufnehmen kann. Die stark mit Magensäure versetzte breiartige Nahrung, die ununterbrochen aus dem Schnabel des Altvogels rinnt, nimmt das Junge unmittelbar auf. Eine wichtige Komponente in der Ernährung des Jungen ist Wasser. Dieses wird niemals abgelehnt, sondern durch fortwährendes Anstoßen an die Hautwinkel des elterlichen Schnabels erzwungen. Diese Bewegung ruft nämlich bei den erwachsenen Vögeln einen leichten Brechreiz hervor, der bewirkt, daß aus dem Schnabelwinkel Flüssigkeit zu träufeln beginnt. Diese fängt das Junge mit raschen Bewegungen des Schnabels auf und schluckt sie.

Ungefähr in der Hälfte seiner Nesthockerzeit beginnt das Junge die Annäherung unbekannter Gegenstände wahrzunehmen und reagiert darauf durch eine charakteristische Abwehrstellung. Im vierten Lebensmonat beginnen im Horst und auf den umliegenden Zweigen Flugübungen. Nach dem ersten selbständigen Flug kehrt das Junge jedoch noch lange Zeit zum Horst zurück, nimmt hier seine Nahrung ein und übernachtet da wohl auch.

Bartgeier

Gypaëtus barbatus (L.)

Geier

Aegypiidae

Die Steilwände der Hochgebirgsriesen sind so gefährlich, daß hier mitunter auch so behende Säugetiere zu Fall kommen wie Steinböcke und Gemsen. Ihre Gerippe bleiben als stumme Zeugen ihres tragischen Todes liegen. Dem aufmerksamen Beobachter entgeht jedoch nicht, daß da manchmal auch mehrere, in Größe und Form recht unterschiedliche Knochen umherliegen — wie z. B. die Rippe einer Kuh, ein Pferdewirbel sowie Knochen von verschiedensten Tieren. Der Fachmann weiß in einem solchen Fall Bescheid, daß es sich um den zufälligen und seltenen Fund eines Knochenzerschmetterungsplatzes handelt, an dem der Bartgeier große Knochen der Tierkadaver in kleinere, leichter genießbare Teile zerschlägt.

Von den Geiern ist allgemein bekannt, daß sie sich von Aas nähren und ein totes Pferd bis zur letzten Fleischfaser abzuklauben verstehen. Wenn der Bartgeier als erster ein Aas entdeckt, beginnt er zunächst selbstverständlich die Weichteile zu verzehren. Doch bleibt die Stätte dieses Festmahles auch anderen Geiern nicht verborgen, und der Bartgeier weicht dann — obwohl er zu den größten Geierarten gehört — ihrer Agressivität und wartet, was übrig bleibt. Meist sind es nur die Knochen, die für den Bartgeier jedoch durchaus kein Abfall, sondern eine willkommene Delikatesse sind. Der Bartgeier verfügt über eine solche Magensäuremenge, daß er Knochen ohne Schwierigkeiten verdaut. Wenn ein solcher Happen jedoch zu groß ist und sich nicht auf einmal verschlingen läßt, ergreift der Bartgeier das Stück mit den Fängen, erhebt sich in die Lüfte und läßt es aus großer Höhe auf eine Felsspitze herunterfallen. An solchen Stellen ist dann jenes unerklärliche Durcheinander verschiedenster Tierreste zu sehen, denn nicht jeder große Knochen birst beim Fall auf den Felsen. In ähnlicher Weise verfährt der Bartgeier mit Schildkrötenpanzern.

Bartgeier (Fortsetzung)

Bei Nahrungsmangel überfällt er auch Schafe, Ziegen, Hunde und andere Tiere, die er mit der Wucht seines 5 bis 7 kg schweren Körpers in den Abgrund stürzt.

Der Bartgeier gehört zu den größten Greifvögeln der Alten Welt. Er lebt in Europa in den Alpen, in Spanien, auf dem Balkan sowie in den Bergen Afrikas, Vorder- und Mittelasiens. Er mißt 102 bis 104 cm und seine Flügelspannweite erreicht mehr als 2,5 m. Der erwachsene Vogel ist an der Oberseite rotbraun, Flügel und Stoß sind fast schwarz. Die Bauchseite ist rostgelb, über den rahmgelben Kopf zieht sich ein schwarzer Augenstreifen, und am Kinn steht ein schwarzes Borstenbüschel. Im Flugbild unterscheidet sich der Bartgeier von den anderen Geiern durch den auffallend langen, keilförmigen Stoß und die schlanken, zugespitzten und gewinkelten Flügel.

Der Horst des Bartgeiers befindet sich in der Regel in schwer zugänglichen Felsennischen oder unterhalb überhängender Felsgebilde. Der Bartgeier beginnt erst im Alter von 5 Jahren sich zu vermehren. Im Dezember bis Februar legt das Weibchen 1 bis 2 Eier, und erst nach einer Brutzeit von 55 bis 58 Tagen schlüpfen die Jungen aus, die dann nach etwa 110 Tagen den Horst verlassen.

Seeadler

Haliaeëtus albicilla (L.)

Habichtartige
Accipitridae

Das Äußere, die Kraft und Gestalt des Adlers wirken stets so majestätisch, daß er von alters her als König der Lüfte oder König der Vögel bezeichnet wurde und als Wappentier von Fürsten, Königen und ganzen Staaten Bedeutung erlangte.

Einer der größten Greifvögel und der größte Vertreter der Adler ist der 4 bis 6 kg wiegende Seeadler. Das kleinere und leichtere Männchen mißt etwa 70 cm, das größere und schwerere Weibchen mehr als 90 cm. Die Spannweite erreicht beim Segelflug bis 250 cm. Die langen, breiten und brettartig geraden Flügel werden durch 7 fingerartig gespreizte Armschwingen verlängert, die im Flug aufwärts gebogen sind. Erwachsene Vögel sind erdbraun, am Kopf und Hals etwas gelblich, der keilförmige Stoß ist reinweiß. Jungvögel sind bis schwarzbraun, braun und weiß gefleckt ist auch der Stoß. Mit zunehmendem Alter wird der Stoß jedoch stets weißer, und im 4. bis 5. Lebensjahr, wenn die jungen Adler geschlechtsreif werden, ist er schon völlig weiß.

Der Flug des Seeadlers mit langsamen Flügelschlägen wirkt schwerfällig, doch auf den Segelflug versteht er sich ausgezeichnet. Die Schwerfälligkeit des Fluges ist jedoch nur ein Schein, denn einen beutetragenden Adler holt nicht einmal eine Krähe ein, deren Geschwindigkeit etwa 60 km/h beträgt. Der Adler schlägt seine Beute nicht in der Luft, sondern im Sturzflugangriff aus geringer Höhe über Wasser oder Land. Schon sein Name verrät, daß sich der Seeadler meist von Fischen nährt. Davon zeugt auch die Form seiner Fänge, die beim Seeadler, zum Unterschied von allen anderen Adlern aus der Gattung *Aquila,* nicht bis zu den Zehen befiedert sind. Beim Fischfang taucht er nicht so oft wie der Fischadler, sondern fängt die Fische in der Nähe des Wasserspiegels. Wohl kaum ein Süßwasserfisch vermag sich seiner zu erwehren, und es sind Fälle bekannt, wo er 12 bis 15 kg schwere

Seeadler (Fortsetzung)

Hechte erbeutete. Mit einer solchen Last fliegt er jedoch meist nicht mehr auf, sondern erreicht, mit den Flügeln schwimmend, das Ufer, wo er die Beute zunächst zerreißt. Hingegen bereitet ihm der Aufflug mit 5 bis 6 kg Beute keinerlei Schwierigkeiten. Der Seeadler schlägt auch Säugetiere und Vögel, besonders wenn das Wasser zugefroren ist. Da nimmt er auch mit einer Wühlmaus oder Amsel vorlieb, überwältigt jedoch auch Reiher, Schwäne, Störche, Füchse, Fischotter, Junghunde oder Frischlinge. Täglich verbraucht er ungefähr 700 g Fleischnahrung, gegebenenfalls auch Aas.

Der Seeadler hält sich in der Nähe von Wasserläufen, Seen oder an der Meeresküste auf, wo er auch horstet. In Europa kommt er verhältnismäßig selten in den Küstengebieten beider deutschen Staaten vor, und von hier aus nimmt er ostwärts fast das ganze paläarktische Gebiet ein. Der Seeadler ist ein Bewohner der Niederungen und ist kaum in Höhenlagen über 300 m ü. d. M. anzutreffen.

Die Adler leben in dauernder Einehe. Den Horst benutzen sie einige Jahre hindurch, und ein solcher kann dann bis zu 2 m Durchmesser, 3 bis 5 m Höhe und ein Gewicht bis zu 600 kg haben. Im Februar bis März legt das Weibchen 1 bis 3 weißliche Eier, die es, abwechselnd mit dem Männchen, 34 bis 42 Tage lang bebrütet. Die Jungen hocken 80 bis 90 Tage im Horst.

Bindenseeadler

Haliaeëtus leucoryphus (PALLAS)

Auf einem ungeheuer großen, von der Ukraine bis fast über ganz Mittelasien reichenden Gebiet lebt der mit dem Seeadler verwandte Bindenseeadler, den vereinzelte Streifzüge in westliche Teile der UdSSR und in sehr seltenen Fällen auch nach Mitteleuropa, nach Polen, und im Norden nach Finnland und Norwegen verschlagen haben. Er ist etwa 75 cm lang, wiegt 2 bis 3,5 kg und seine Spannweite beträgt etwa 2 m. Er ist ebenfalls ganz braun, Hals und Kopf sind heller, doch ist der Stoß, im Unterschied zum Seeadler, länger und erscheint im Flugbild nicht keilförmig, sondern leicht abgerundet. Er ist schwarzbraun und wird in der Mitte von einem 10 bis 12 cm breiten weißen Querstreifen unterbrochen.

Die Lebensweise ist ungefähr die gleiche wie beim Seeadler. Der Bindenseeadler nährt sich von denselben Beutetieren, baut seine Horste ebenfalls auf Bäumen, manchmal jedoch auch im Schilf. Hingegen ist er kein typischer Bewohner der Niederung und steigt mitunter bis in die Hochebene empor. In Tibet horstet er in Höhenlagen um 5000 m. In diesen Gegenden ist jedoch der Fischfang meist ausgeschlossen, und so forscht er bei seinen Segelflügen über die Berghänge nach Fallwild.

Die Vermehrungszeit beginnt bei den südlicher lebenden Paaren bereits im Oktober, November oder Dezember, während die Bewohner der paläarktischen Gebiete erst Ende Februar und im März zu horsten beginnen. Die Horste sind etwas kleiner als beim Seeadler, und die Ränder zieren während der Aufzucht der Jungen fast stets grüne Reiser. Die zwei bis drei Eier werden 30 bis 32 Tage lang bebrütet. Die Aufzucht der Jungen dauert 70 Tage.

Steinadler

Aquila chrysaëtos (L.)

Habichtartige
Accipitridae

Die ständig steigende Anzahl der Bevölkerung und die ständig höheren Ernährungsansprüche äußern sich in markanter Weise in Veränderungen der Bodenbearbeitung. Immer mehr werden chemische Stoffe eingesetzt, was allerdings auch negative Folgeerscheinungen zeitigt. Die chemischen Giftstoffe gelangen entweder unmittelbar in die Nahrung oder indirekt über die Pflanzenfresser, die sich von der, mit Schädlingsbekämpfungsmitteln bespritzten Vegetation nähren, in den menschlichen Organismus und können ernsthaft seine Gesundheit schädigen. Ebenso negativ wirken sich diese giftigen Präparate auch auf größere Tiere aus. Beispiele dafür gibt es auch unter den Greifvögeln. In Schottland z. B. haben die Ornithologen festgestellt, daß sich die Pestizide verheerend auf die Vermehrung der Steinadler auswirken. Alljährlich stieg der Giftstoffgehalt, der durch die Beutetiere, deren Nahrung mit Pestiziden bestäubte Pflanzen bilden, in den Adlerkörper gelangte, Die Folge dieser chemischen Präparate war eine Schwächung der Eierschalen, die so weit fortgeschritten war, daß das Ei schon bei einer ganz leichten Berührung zerbrach. In der Zeit, da Pestizide eingesetzt wurden, gelang es nur 29% der beobachteten Adler. das Gelege zu erbrüten, bei 36 % wurden die Eier zerschlagen, und 41 % der Adler begannen überhaupt nicht zu horsten. Nach dem Anwendungsverbot dieser Giftstoffe erreichten die Nistergebnisse wieder normale Grenzen: 70 bis 80 % der Adler erbrüteten erfolgreich ihre Jungen. Auch der in den Eiern ermittelte Giftgehalt sank nach dem Verbot um etwa 2/3.

Den Titel eines ,,Königs der Vögel" erhielt der Steinadler nicht nur wegen seines Wuchses, seines Gewichts und des majestätischen Gehabes, sondern auch wohl in Anbetracht seiner vollendeten Beherrschung der Lüfte. Die Luftströmung ausnutzend gelangt er rasch und ohne jegliche sichtbare Anstrengung in

Steinadler (Fortsetzung)

anmutigen Spiralen über die Gipfel der Bergriesen und ist dann fähig, ohne auch nur einen einzigen Flügelschlag zu tun, eine Reihe von Tälern zu überfliegen, mitunter bis 13 km. In Wirklichkeit ist sein Flug wesentlich rascher als es den Anschein hat. Den Eindruck der Langsamkeit erweckt die große Spannweite der Flügel, die bis zu 2 m erreicht. Es wurde festgestellt, daß der Steinadler im Gleitflug eine Geschwindigkeit von 150 km/h erreicht, bei günstigem Rückenwind sogar 190 km/h. Beim Sturzflugangriff wird die Geschwindigkeit des 3,5 bis 4,5 kg schweren Adlers auf 320 km/h geschätzt.

Das Verbreitungsgebiet des Steinadlers erstreckt sich auf Nordamerika, Asien und einen schmalen Streifen in Nordafrika. In Europa horstete er ehemals in niedrigeren Lagen, doch schrittweise zog er sich vor dem Menschen in stets unwegsamere Gegenden zurück, so daß er heute nur noch in den Alpen, den Karpaten, in Skandinavien, den schottischen Bergen sowie auf der Pyrenäen- und der Balkanhalbinsel anzutreffen ist.

Erwachsene Vögel sind braun mit einem goldgelben Kopf, Jungvögel sind heller. Die Flügelunterseite weist helle Felder auf und der weiße Stoß ein breites dunkles Endband. Der Steinadler horstet in Felsen. Ende März und im April legt das Weibchen 1 bis 2 (selten 3) Eier, die von beiden Eltern 43 bis 44 Tage bebrütet werden. Die Jungen hocken dann noch bis zu 80 Tagen im Horst, bevor sie flügge sind.

Kaiseradler

Aquila heliaca (SAVIGNY)

Habichtartige
Accipitridae

Der ursprüngliche Biotop des Kaiseradlers sind die Steppengebiete mit schütteren Laubwälder der südlichen Teile des europäischen Rußlands, von Südosteuropa, Kleinasien und im Osten bis Nordwestindien und ·zur Mongolei. Er horstet auch auf der Pyrenäenhalbinsel, am Balkan und in Marokko. Auch aus Mitteleuropa ist der Kaiseradler nicht ganz verschwunden und horstet in kleineren Stückzahlen in den östlichen Gebieten der ČSSR und in Nordungarn. Doch auch hier ändert sich im Laufe der Zeit der Landschaftscharakter, und der Mensch beunruhigt und verfolgt ihn oft. So verläßt er also seine angestammten Jagdgründe mit reichlichen Beständen von Steppennagetieren und verbirgt seine Horste in tiefer bewaldetem Hügelland. Zum Glück ist er nicht so weitgehend auf die Ziesel spezialisiert wie der Steppenadler und findet auch in höheren Lagen ausreichend Nahrung. Seine ziemlich reichhaltige Speisekarte umfaßt Säugetiere von Mausgröße bis zu Junghasen, Murmeltieren und Füchsen. Während der Horstzeit bringt er seiner Nachkommenschaft auch häufig die Jungen der verschiedensten Vögel zur Atzung, von kleinen Arten bis zu Krähen, Geflügel, Eulen, kleineren Greifvögeln und Wildgänsen. Gelegentlich liest er auch einen Frosch oder ein Insekt auf oder hält sich auch an Aas. Sein täglicher Nahrungsbedarf beträgt 400 bis 600 g, doch begnügt er sich manchmal auch mit einer einzigen Turteltaube, um dann auf einmal wieder vielleicht bis zu 1200 g Fleisch zu verzehren.

Seine Jagdgewohnheiten sind von der Landschaft und der Beuteart abhängig. Entweder lauert er unbeweglich auf einer Strohdieme oder auf einem niederen Baum, oder er kreist hoch in der Luft, um im Sturzflug die Beute zu ergreifen. Mitunter schlägt er auch Frösche und Insekten im Schreiten, wie der Schreiadler.

Kaiseradler (Fortsetzung)

Größere Beutetiere (Hasen, Geflügel, Wasservögel) werden im Tiefflug gehetzt, wie das Stein- oder Seeadler gewöhnt sind. In überraschendem Angriff ist er auch imstande, ein aufsteigendes Rebhuhn in der Luft zu schlagen.

Größenmäßig gehört er zu den größten Arten und ist nur ein wenig kleiner als der Steinadler. Seine Spannweite erreicht 180 bis 210 cm, die Länge beträgt etwa 80 cm und das Gewicht 2,5 bis 4 kg. Das Gefieder des ganzen Körpers ist schwarzbraun. Nacken- und Genickpartien strohgelb, bei älteren Adlern bis weißlich. Auf der Schulter befindet sich ein weißer Fleck (bei der westlichen Rasse aus Spanien und Nordafrika an der Flügelkrümmung). Die ganze Unterseite ist dunkel. Der Stoß hat 6—7 graue Streifen auf einem dunklen Untergrund, er wird durch ein breites dunkles Band abgeschlossen. Jungvögel sind semmelgelb, dunkel gefleckt, haben jedoch nirgends etwas Weißes an sich.

Der nicht allzu sorgfältig gebaute Horst im Durchmesser von 80 bis 130 cm wird auf hohen Bäumen angelegt. Die Schale der 2, in selteneren Fällen auch 3 Eier, ist auf weißlichem Grund mit violetten, braunen und rötlichen Fleckenballen bedeckt. Nach sechswöchigem Brüten schlüpfen die Jungen aus und verlassen nach weiteren 8 bis 11 Wochen den elterlichen Horst.

Steppenadler

Aquila rapax (TEMNINCK)

Der Lebenszyklus der Steppenadler ist in erstaunlicher Weise mit dem Lebensablauf der Ziesel gekoppelt. Wenn diese im Frühjahr schlaftrunken aus den Höhlen kriechen, kehren die bräunlichen Steppenadler aus ihren Winterquartieren in Südasien zurück und nähren sich den ganzen Sommer über, bis zum Herbst, fast ausschließlich von diesen flinken Nagetieren. Nur selten schlagen sie eine andere Beute. Übrigens gibt es in den Steppengebieten Osteuropas, Mittelasiens, Chinas und Vorderindiens so viele Ziesel, daß sich die Steppenadler diese Nahrungspezialisierung durchaus leisten können.

In Mitteleuropa kommt der Steppenadler höchst selten vor, und seine Bestimmung ist keineswegs einfach. Zwar ist er etwas größer als der Schelladler — seine Spannweite beträgt um die 180 cm und sein Gewicht 2,5 bis 4 kg — doch nur ein guter Beobachter ist imstande, im Fluge die wenig ausgeprägte Querwellung der Unterseite und den rostgelben Anflug des Kopfes zu unterscheiden. Am häufigsten wird der Steppenadler mit dem Schell- oder Schreiadler verwechselt. Bei der Betrachtung präparierter Vögel ist jedoch eine Verwechselung ausgeschlossen, da er zum Unterschied von beiden anderen Arten keine runden, sondern langgezogene, ovale Nasenlöcher hat.

Seinen Horst baut der Steppenadler ausschließlich zu ebener Erde auf einer kleinen Erhöhung, von wo aus es einen guten Rundblick gibt. Es ist ein recht dürftiger Bau, und oft liegen die 2, und selten auch 3, grauviolett und rotbraun gefärbten Eier unmittelbar am Boden, nur von einigen dürftigen Reisern umkränzt. Die Jungen schlüpfen nach etwa 45 Tagen aus und werden nach 60 Tagen flügge. Dank dem Nahrungsreichtum während der Horstzeit werden meist alle erbrüteten Jungen aufgezogen.

Schelladler

Aquila clanga (PALLAS)

Habichtartige
Accipitridae

Zahlreiche Vogelarten sehen einander so ähnlich, daß sie selbst ein guter Kenner nicht auf den ersten Blick zu unterscheiden vermag. Das gilt z. B. vom Schelladler, der in Größe und Farbgebung auffallend dem Schreiadler ähnelt. Zwar ist der Schelladler deutlicher braun, das Gefieder des Schreiadlers ist heller, besonders am Scheitel und an der Unterseite des Leibes. Das hilft jedoch bei der Bestimmung im Freien ebensowenig wie die Tatsache, daß der Schelladler robuster gebaut ist, 66 bis 74 cm mißt und daß seine Spannweite zwischen 160 und 180 cm schwankt. Jungvögel haben auf den Flügeln zahlreiche größere weißliche Flecken, ebenso wie die Jungen des Schreiadlers. Nur ein genauer Beobachter wird beim Segelflug bemerken, daß die Flügel des Schreiadlers von 5 bis 6 Schwingen abgeschlossen werden, während sich beim Schelladler deutlich 7 gespreizte Handschwingen unterscheiden lassen.

Die Heimat des Schelladlers ist Osteuropa und der südliche Teil Sibiriens bis zum Fernen Osten. Er ist ein Zugvogel und überwintert in Ägypten, Kleinasien und Südasien. Der einmal eingegangene Ehebund ist sehr fest und dauerhaft. Der Horst wird auf einem hohen Baum gebaut, oder es wird ein Horst anderer Greifvögel benutzt. Höhe und Breite des Horstes erreichen bis zu 110 cm. Im Mai legt das Weibchen 2 Eier, die matter gefleckt sind als beim Schreiadler. Nach etwa 6 Wochen schlüpfen die Jungen aus, die, zum Unterschied vom Schreiadler, den Horst nach 63 bis 65 Tagen verlassen. Die Nahrung ist ähnlich zusammengesetzt wie beim Schreiadler.

Schreiadler

Aquila pomarina (C. L. BREHM)

Habichtartige
Accipitridae

In Europa gibt es fünf Adlerarten der Gattung *Aquila,* die als typische Vertreter dieser Greifvogelgruppe bezeichnet werden können. Zu ihnen gehört auch der ungefähr 1500 g wiegende und 63 cm lange Schreiadler mit einer Spannweite von 150 bis 165 cm. In den menschlichen Vorstellungen sind die Adler als blutdürstige Räuber fixiert, die unentwegt schwächere Tiere umbringen. Diese völlig falschen Vorstellungen sind auf den mächtigen Wuchs, die kräftigen krallenbewehrten Zehen und den charakteristisch geformten Kopf mit dem gewaltigen Hakenschnabel zurückzuführen. Die Augen werden von Überaugbogen überdacht, und ihr Blick ist durchaus geeignet, den Menschen einen bestimmten Respekt einzuflößen. Die Vorstellungen von der unersättlichen Mordlust der Adler sind irrig, und ihr Ursprung liegt wohl in der entfernten Vergangenheit. In Wirklichkeit kostet es die Adler viel Mühe, genügend Nahrung für sich und ihre Jungen aufzutreiben. Nicht selten sind sie gezwungen zu fasten, und es kommt auch vor, daß die Jungen aus Mangel an Atzung umkommen.

In der Nahrung des Schreiadlers überwiegen kleine Nagetiere, Wühlmäuse, Mäuse, Hamster und Ziesel.

Der Schreiadler horstet auf hohen Bäumen und kommt in Mitteleuropa, von der DDR, Böhmen und Österreich bis Mittelrußland, zum Balkan, Kleinasien, dem Kaukasus und dem nördlichen Iran vor. Eine südliche Rasse lebt in Indien. Den Winter verbringen die europäischen Schreiadler in den afrikanischen Savannen im Äquatorgebiet.

Schreiadler (Fortsetzung)

Nach ihrer Rückkehr in die Horstbezirke erregen sie durch ihre Schreilaute Aufmerksamkeit, die sich ungefähr durch die Silbe „Tjik, Tjik" ausdrücken lassen. In langgezogenen Spiralen kreist das Adlerpaar lange Zeit durch die Lüfte und präsentiert das charakteristische Flugbild mit den breiten, brettartig ausgebreiteten Flügeln.

Ende April oder Anfang Mai legt das Weibchen in der Regel zwei Eier, von denen das erste stets größer und schwerer ist als das zweite. Das Brüten, das 38 bis 41 Tage lang dauert, besorgt zum überwiegenden Teil das Weibchen. Mit dem Bebrüten begint es unverzüglich nachdem das erste, markant braunviolett gefleckte Ei gelegt ist. Erst nach 3 bis 4 Tagen folgt das zweite, weniger gefleckte Ei. Die Jungen schlüpfen im gleichen Zeitunterschied aus. In der Regel werden beide Jungen erbrütet, doch den Horst verläßt nach etwa acht Wochen nur das kräftigere Erstgeborene. Für das Umkommen des schwächeren Jungen gibt es zwei Erklärungen. Nach der einen drängt sich das kräftigere Junge instinktiv an seinen schwächeren Bruder, verdeckt ihn und verhindert dadurch seine gehörige Ernährung. Das unterernährte Junge wird immer schwächer, bis es am Ende stirbt und vom Weibchen dem stärkeren als Nahrung vorgelegt wird. Nach der zweiten Erklärung äußert sich bei den Geschwistern etwa zwei Wochen bevor sie flügge werden eine gesteigerte Aggressivität gegenüber allem, was sich im Umkreise von etwa 50 cm bewegt. Das schwächere Junge weicht vor den Angriffen des älteren zurück, bis es an den Horstrand gelangt und schließlich herunterstürzt.

Habichtsadler

Hieraaëtus fasciatus (VIEILLOT)

Habichtartige
Accipitridae

Der Mensch hat zu verschiedensten Zwecken zahlreiche Tiere gezähmt. Einige davon gaben Arbeitskräfte ab, andere Nahrung und Rohstoffe für die Bekleidung und andere wieder behüten seinen Besitz oder sind ihm bei der Jagd behilflich. Zu Jagdzwecken nützte der Mensch auch einige Greifvögel aus. In Mittelasien bedienen sich die Jäger abgerichteter Habichtsadler zur Gazellenjagd. Der Adler macht die Gazelle mit Leichtigkeit, auch auf eine Entfernung von 1 km, ausfindig, erreicht sie im jähen Ruderflug und stürzt sich von oben auf sie, gleich einem Pfeil. Knapp oberhalb des Tieres bremst er ab und schlägt ihm die Krallen in den Kopf. Dadurch bringt er die Gazelle zum Stehen, und kurz darauf macht ihr die Meute den Garaus.

In Mitteleuropa taucht der Habichtsadler nur selten auf. Er horstet jedoch in Südeuropa, Afrika und Asien. Er bevorzugt das offene Land mit parkähnlichen Waldungen, wo er auf Felsen einen bis 2,5 m im Durchmesser erreichenden Horst baut. Manchmal horstet er auch auf Bäumen. Im Februar bis März legt das Weibchen in der Regel 2 hell rostfarben gefleckte Eier und bebrütet sie etwa 40 Tage. Die Jungen werden nach 2 Monaten flügge.

Größenmäßig ähnelt der Habichtsadler dem Schelladler. Seine Spannweite beträgt ungefähr 170 cm, er ist jedoch unterschiedlich gefärbt. Der dunkelbraune Rücken steht in scharfem Farbkontrast zu dem grauen, durch ein schwarzes Band abgeschlossenen Stoß. Die weißliche Unterseite schmückt eine dunkle, an die Färbung junger Habichte erinnernde Sperberung. Jungvögel haben eine braune Ober- und eine rostbraune Unterseite.

Zwergadler

Hieraaëtus pennatus (GMELIN)

Habichtartige
Accipitridae

Unter der Bezeichnung Adler stellen sich die meisten einen gewaltigen Greifvogel mit einer mächtigen Spannweite vor. Für den Zwergadler trifft das alles nicht zu. Er ist ein wirklicher Liliputaner unter seinen Vettern. In der freien Natur wird er am häufigsten mit dem Rauhfußbussard verwechselt, bei genauerem Hinsehen zeigt sich jedoch, daß der Stoß abgeschnitten, statt abgerundet, und weder gesperbert noch schräg gestreift ist. Der Zwergadler kommt in zwei Spielarten vor. Bei beiden ist der Rücken braungrau mit hellen Endbinden der einzelnen Federn oder mit weißen Flecken an den Schultern. Bei der dunklen Spielart ist die Unterseite des Körpers braunschwarz, hingegen der Stoß heller. Bei der helleren Spielart ist die ganze Unterseite fast gelblich cremefarben mit kaum merklichen Schaftflecken, nur die Schwingenenden sind dunkel. Die Spannweite erreicht 110 bis 120 cm, die Länge 46 bis 53 cm, das Männchen wiegt etwa 700 g, das Weibchen fast 1000 g.

Der Zwergadler horstet in Südwesteuropa, am Balkan und von Südosteuropa bis nach Mittelasien hin. Er lebt auch in Indien, Afrika und Australien. In Mitteleuropa ist er höchst selten, in kleineren Stückzahlen horstet er in Ungarn und im Osten der ČSSR.

Sein Biotop sind reichgegliederte Niederungen und Hügellandschaften. Hier jagt er Kleinsäuger, Vögel, Eidechsen und Insekten. Meist horstet er auf Bäumen oder auch auf Felsen. Das aus 2, selten 3 weißlichen Eiern bestehende Gelege wird 35 bis 38 Tage lang bebrütet. Die Jungen werden nach 54 bis 60 Tagen elterlicher Obhut flügge.

Schlangenadler

Circaëtus gallicus (GMELIN)

Selbst ein erfahrener Ornithologe gerät manchmal in Verlegenheit, wenn es gilt, nach dem Flugbild den Schlangenadler zu bestimmen. Seine Silhouette gleicht der des Mäuse- und Wespenbussards, doch ist es ein so seltener Greifvogel, daß man kaum auf den Gedanken kommt, nach Färbung des Federkleides und Flugweise auf den Schlangenadler zu schließen. Doch auch der unerfahrene Beobachter kann auf den ersten Blick mit Sicherheit den Schlangenadler bestimmen, wenn er einen fliegenden Greifvogel bemerkt, aus dessen Schnabel etwas Schlauchartiges heraushängt. Da schafft ein erwachsener Schlangenadler eine halbverschluckte Schlange als Atzung für seine Jungen zum Horst.

Im Flug erweckt der Schlangenadler den Eindruck eines großen hellfarbigen Vogels. Die Spannweite gleicht fast jener des Schelladlers und erreicht bei völlig ausgebreiteten Schwingen 150 bis 170 cm. Der mittelange Stoß ist am Ende etwas breiter, und von unten sind deutlich seine drei markanten dunklen Streifen zu sehen. Der Schlangenadler hat einen auffälligen großen Kopf und einen eulenartigen Gesichtsausdruck. Die Oberseite ist graubraun, die Schwingen schwarz. Die Unterseite der Flügel und der Bauch sind fast weiß mit nur vereinzelten dunklen Flecken. Der weiße Bauch ist deutlich vom dunklen Brustlatz abgesetzt, und dieser Kontrast ist auch im Fluge bemerkbar. Seine Gestalt ist gedrungener als die des Mäusebussards, seine Länge erreicht ungefähr 70 cm und mit dem Gewicht von etwa 2 kg sogar das Doppelte dieses Vetters. In seiner ganzen Erscheinung stellt der Schlangenadler ein Mittelstück zwischen Adlern und Bussarden dar.

Die gewaltigen Flügel mit der beachtlichen Spannweite verraten, daß der Schlangenadler ein hervorragender Flieger ist. Sein Ruderflug ist durchaus nicht allzu rasch und erinnert etwas

Schlangenadler (Fortsetzung)

an den schwankenden Flug der Eulen. Dafür ist jedoch der Schlangenadler ein wahrer Meister im Segelflug. Oft rüttelt er auch und versteht es als einer von wenigen Greifvögeln, auch ohne merkliche Bewegung der Flügel in der Luft stillzustehen. In der horizontalen Gegenströmung kann er, den Neigungswinkel der Fügel dermaßen einstellen, daß der Auftrieb durch das Körpergewicht kompensiert wird. Nur geringfügige Vibrationen der Schwingen und Steuerfedern korrigieren die Stabilität.

Diese Kunstflugstücke gehören zu seiner Art der Jagd. Das Stillhängen an einer Stelle erleichtert das Umschauhalten und das Aufsuchen der Beute. Diese ist höchst eigenständig. Der Schlangenadler sucht Plätze, an denen verschiedene Kriechtiere zu finden sind. Sobald er z. B. eine Ringelnatter erspäht, fliegt er zur Erde, packt sie mit seinen kurzen, mit nicht allzulangen Krallen bewehrten Zehen und zertrümmert mit dem Schnabel ihren Kopf oder kneift ihn ab. Er schlägt sogar die giftigen Kreuzottern, obwohl er gegen ihr Gift nicht immun ist.

Der Schlangenadler ist ein Zugvogel, der — mit Ausnahme von England und dem hohen Norden — in ganz Europa lebt und im Osten bis in das südwestliche Sibirien, nach Mittelasien und nach Nordindien verbreitet ist. Er horstet auch in Afrika. Aus ihren Winterquartieren in Mittelafrika kehren die europäischen Schlangenadler im April zurück, und in den auf Bäumen gebauten Horst legt das Weibchen ein einziges Ei. Das Brüten dauert etwa 45 Tage, und das Junge verläßt den Horst nach 10 bis 11 Wochen.

Mäusebussard

Buteo buteo (L.)

Die unrichtige Einstellung zu den Greifvögeln, die als Nahrungskonkurrenten verfolgt wurden, verliert mit der Zeit Gültigkeit,
ist jedoch in vielen Ländern derartig tief ins Unterbewußtsein
der Jäger eingedrungen, daß wohl auch für die Schonung des
Mäusebussards das Nützlichkeitsargument in Stellung gefahren
werden muß. Die Weidmänner denken nur meist an das Wild und
verschließen Augen und Einsicht vor anderen Tatsachen. Gegen
die Greifvögel sprechende Ausnahmefälle werden herausgegriffen
und verallgemeinert. Tatsächlich schlägt der Mäusebussard
mitunter ein Rebhuhn oder einen Fasan und kann auf diese
Weise einen gewissen Schaden anrichten. Das trifft jedoch nur im
Winter zu, wenn strenger Frost herrscht, hoher Schnee liegt und
die Rebhühner hungrig und schwach sind. Da kann dann auch der
Bussard nicht an seine gewohnte Nahrung, die Wühlmäuse und
Mäuse, heran und hält sich deshalb an die erschöpften Rebhühner.
Es bleibt ihm auch gar nichts anderes übrig, denn mit seinem nicht
allzu gewandten und langsamen Flug wäre eine Jagd auf die
beweglichen Kleinvögel aussichtslos. In milderen Wintern, wenn
keine Schneedecke liegt, widmet der Bussard den Rebhühnern
keinerlei Aufmerksamkeit, weil ihn nichts an der Wühlmausjagd
hindert. Die Gewöllanalysen des Mäusebussards haben gezeigt,
daß 96 % seiner Nahrung landwirtschaftlich schädliche Nager
bilden und nur den Rest Geflügel, Wild und andere Wirbeltiere.

Neben dem Turmfalken ist der Mäusebussard der häufigste
Greifvogel. Er bewohnt ganz Europa, und sein Verbreitungsgebiet
zieht sich in einem breiten Streifen über Mittelasien bis zum
Fernen Osten. Er horstet auch in Kleinasien, im Himalaja und auf
einigen westafrikanischen Inseln. Der Mäusebussard ist ein
Waldvogel, wenngleich er am häufigsten bei der Jagd über dem
Freiland beobachtet werden kann. Hohe und alte Eichen, Buchen,

Mäusebussard (Fortsetzung)

Föhren und andere Riesenbäume geben die Äste für den Horst ab, der einige Jahre hindurch benutzt wird. Von Jahr zu Jahr immer wieder ausgebessert, erreicht der Horstbau eine Breite von etwa 1 m und eine Höhe von 70 bis 80 cm.

Der Bussard ist ein verhältnismäßig großer Vogel mit breiten Flügeln. Er mißt 51 bis 56 cm. Das Männchen wiegt 600—1000 g, das größere Weibchen 700 bis 1200 g. Die Spannweite beträgt 120 bis 140 cm. Die Färbung des Bussards ist ungemein mannigfaltig. Der Rücken ist in der Regel dunkelbraun, die Unterseite hell mit braunen Flecken. Diese treten in verschiedener Anzahl auf und so kann man Bussarde finden, die fast ganz dunkel sind, und andererseits fast völlig weiße. Der dunkelbraune Stoß ist schräg, fein gestreift, und sein Ende bildet ein breites dunkles Querband.

Die Mäusebussarde sind meist Standvögel, nur einzelne Exemplare sind Strich- oder Zugvögel. In ihre Horstbezirke kehren sie bereits im Februar zurück und beginnen auch gleich mit der von einem langgezogenen „Hiäh-Hiäh" und einer ganzen Skala von Kunstflügen begleiteten Balz. Im April bis Mai legt das Weibchen 2 bis 3 grobschalige graue, ockerfarben- und violettgefleckte Eier. Diese werden etwa 33 Tage lang bebrütet, wobei das Männchen ausnahmsweise auch aushilft. Die Jungen bleiben 6 bis 7 Wochen im Horst hocken, und die Familie hält sich zusammen, selbst wenn die Jungen schon längst flügge geworden sind.

Falkenbussard

Buteo buteo vulpinus (GLOGER)

Habichtartige
Accipitridae

Die ornithologischen Sammlungen der mitteleuropäischen Museen enthalten umfassende Balgbestände von Mäusebussarden, die in der Regel der Offentlichkeit nicht zugänglich sind. Als Balg bezeichnen die Ornithologen einfach ausgestopfte Exemplare in der Stellung des toten Vogels. In dieser Aufmachung lassen sich die Vergleichsbestände besser einlagern. Da gibt es ganze Farbskalen von Bussarden und manche Bälge sind mit Schildern bezeichnet, die besagen, daß es sich um Falkenbussarde handelt. Dieser ist eigentlich eine geographische Rasse des Mäusebussards und sein Verbreitungsgebiet zieht sich von Nordskandinavien, über Finnland, das europäische Rußland und Westsibirien bis zum oberen Jenissei und zum Altai. In Mitteleuropa taucht er nur im Herbst als Durchzügler zu den Winterquartieren in Südasien und Ostafrika oder auf dem Rückzug in die Horstgebiete auf. Meist entgeht er wegen seiner auffallenden Ähnlichkeit mit dem Mäusebussard der Aufmerksamkeit und so werden die Belege für seine Anwesenheit erst in den Präparatorenkabinetten der Museen entdeckt.

Die Färbung seines Federkleides ist ebenso verschiedenartig wie beim Mäusebussard, es gibt hellfarbige, fleckige bis einfarbige Vögel. Im Gefieder überwiegen jedoch recht markant rostfarbene Töne, besonders an der Oberseite des Stoßes. Im Flug erscheinen die Flügel des Falkenbussards schmäler und spitzer, die Flügelschläge rascher und der Flug gewandter als der des Mäusebussards. Seine Lebensgewohnheiten unterscheiden sich kaum wesentlich von denen seines Vetters.

Rauhfußbussard

Buteo lagopus (PONTOPPIDAN)

Habichtartige
Accipitridae

In den nördlichen Teilen der Alten und der Neuen Welt, vor allem in den Tundragebieten von Skandinavien bis Kamtschatka und von Alaska bis Neufundland horstet der etwas gedrungenere Rauhfußbussard. Das Männchen wiegt durchschnittlich 900 g, das Weibchen etwa 1200 g. Die Spannweite schwankt zwischen 130 bis 155 cm. Die Läufe dieses Bussards sind bis zu den Zehen dicht befiedert, von welcher Tatsache auch die Artbezeichnung hergeleitet ist. Auch in der Federzeichnung bestehen gegenüber dem Mäusebussard wesentliche Unterschiede, wenngleich auch die Weidmänner den Rauhfußbussard mitunter nicht richtig bestimmen. Er erweckt einen wesentlich helleren Gesamteindruck als der Mäusebussard. Im Flug ist besonders die weiße Färbung der Flügelunterseite bemerkbar, an deren Krümmung ein markanter schwarzer Fleck steht. Hellfarbig ist gleichfalls der Kopf und auffällig der Stoß, der an der Wurzel weiß ist und eine breite schwarze Endbinde trägt. Ein weiteres zuverlässiges Bestimmungsmerkmal ist der dunkle, in breitem Streifen die ganze Brust bis zu den Flanken hin bedeckende Fleck.

In Mitteleuropa horstet der Rauhfußbussard nicht und kommt hier nur vom Oktober bis März als Wintergast vor. Die Art der Vermehrung, die sich kaum wesentlich vom Mäusebussard unterscheidet, steht in einem unmittelbaren Abhängigkeitsverhältnis zu Nahrungsmangel oder -überfluß. Nur in der Wahl des Horstplatzes unterscheidet er sich vom Mäusebussard, denn etwa 80% der Rauhfußbussarde sind Boden- oder Felsbrüter, der Rest der Vögel horstet auf Bäumen. Doch kehren wir noch zur Abhängigkeitsbeziehung zwischen der Nahrung und dem Ablauf des Horstens zurück. Wenn in den Tundren des Nordens Übervermehrungen der typischen Beutetiere des Rauhfußbussards, der Lemminge, eingetreten sind, haben die Vögel genügend

Rauhfußbussard (Fortsetzung)

Nahrung und zeigen sich in Europa nur in geringer Anzahl. Dann legen sie auch mehr Eier, ziehen mehr Junge auf und vermehren sich ganz ungewöhnlich. Die Bestände der Kleinnager sind jedoch regelmäßigen Schwankungen unterworfen, so daß nach solchen fetten Jahren für die Rauhfußbussarde wieder Hungerzeiten kommen. Der Nahrungsmangel zwingt sie dann, auf der Nahrungssuche in die weiter südlich gelegenen Gebiete zu rücken. Manchmal kommen ganze Schwärme, und wenn es keine Wühlmäuse gibt und Mitteleuropa unter einer tiefen Schneedecke liegt, dann stürzen sich die hungrigen Rauhfußbussarde auf das Wild.

Der Nahrungsmangel gebietet der Vermehrung des Rauhfuß-bussards Einhalt. Wenn es an Lemmingen mangelt, bilden die Rauhfußbussarde keine Paare und fühlen sich nicht zum Horsten hingezogen. Dem niedrigen Lemmingstand tragen die Rauhfuß-bussarde dadurch Rechnung, daß sie sich zwar an den Horstplätzen einstellen, wohl auch Horste bauen, jedoch nicht brüten. Bei untermittelmäßigem Lemmingsvorkommen umfaßt das Gelege 2 bis 4 Eier, und die Mehrzahl der Horste steht verlassen. Wenn jedoch die Lemmingbestände ihre Höchstzahl erreicht haben und die ganze Gegend nur so von Lemmingen wimmelt, erhöht sich der Umfang des Geleges auf 3 bis 6 Eier, und aus jedem Horst fliegen 2 bis 4 Junge aus. Nur unter ganz ungewöhnlichen Umständen steigt die Eierzahl im Gelege auf 4 bis 7 und die Zahl der erbrüteten Jungen auf 4 bis 5.

Adlerbussard

Buteo rufinus (CRETZSCHMAR)

Habichtartige
Accipitridae

Ebenso wie im Norden das Verbreitungsgebiet des Mäusebussards an jenes des Rauhfußbussards anschließt, so grenzt es im Süden an das Vorkommensgebiet des Adlerbussards. Zwischen beiden Arten bestehen nur geringfügige Unterschiede, so daß die Bestimmung in der Natur höchst schwierig ist.

Der Adlerbussard ist 61 bis 66 cm lang, wiegt 1100 bis 1500 g und seine Spannweite beträgt ungefähr 150 cm. Das Flugbild erinnert mit den breiten und recht langen Flügeln eher an eine kleinere Adlerart als an einen Bussard. Farblich erweckt er den Eindruck eines hellen Vogels, besonders die hellfarbigen Formen, doch auch bei dunkleren Stücken ist an der Flügelunterseite das weiße Band recht gut zu unterscheiden. Zum Unterschied vom Mäusebussard ist der Stoß einfarbig rostfarben, angegraut und mitunter fast weißlich. Bei Jungvögeln ist der Stoß quergestreift. In seiner Heimat, den Trocken- und Steppengebieten Osteuropas, in Griechenland, Kleinasien, Mittelasien und Nordafrika, kommt er in drei charakteristischen Farbspielarten vor. Die braune und rostfarbene Form kann einige farbliche Übergangsformen bilden, während dunkle bis schwarze Exemplare keine Übergangsformen aufweisen.

In Mitteleuropa taucht der Adlerbussard nur selten als Irrgast auf. Die Winterzeit verbringt er in den wärmeren Gebieten Ostafrikas und Südasiens. Die Horste werden am Boden, auf Felsen oder auf Bäumen gebaut. Im März bis April legt das Weibchen 3 bis 4 Eier. Nähere Einzelheiten über die Nistbiologie sind bisher nicht bekannt geworden.

Wespenbussard
Pernis apivorus (L.)

Bei Waldspaziergängen kann es wohl vorkommen, daß man auf ein ausgescharrtes Erdloch mit umherliegenden Wabenresten stößt. Die sonst so aggressiven Wespen umfliegen vereinzelt und apathisch das geplünderte Nest. Diese Verheerung können zwar der Dachs oder der Fuchs angerichtet haben, doch ist es auch ganz gut möglich, daß es sich um das Werk eines weiteren Spezialisten unter den Greifvögeln, des Wespenbussards handelt, dessen typische Nahrung die Wespen und ihr Produkt sind. Die ungewöhnliche Nahrung sowie die Art, auf welche er zu ihr gelangt, beeinflußten seine körperliche Beschaffenheit.

Der Wespenbussard ist etwa 50 bis 57 cm lang, seine Spannweite beträgt 125 bis 140 cm und sein Gewicht 400 bis 1050 g. Die Veränderlichkeit des Federkleides ist so weitgehend, daß es kaum möglich ist, zwei Exemplare mit der gleichen Zeichnung zu finden. Die Oberseite ist fast stets braun. Die Färbung der Unterseite schwankt von fast reinem Weiß bis Braunrot. Der runde Kopf entbehrt des markanten Greifvogelausdrucks. Die Kopfform ist auch im Flugbild deutlich erkennbar und zum Unterschied vom Mäusebussard mehr vorgestreckt. Der graubraune oder braune Stoß ist mit unterschiedlich breiten Querbändern versehen. Eine breite dunkle Binde zieht sich über die Enden der Steuerfedern, eine oder zwei markante Binden befinden sich an der Stoßwurzel. Auch der Hinterrand der Schwingen ist mit einer dunklen Binde gerändert. Beim Mäusebussard, mit dem der Wespenbussard häufig verwechselt wird, ist die Stoßbänderung regelmäßig, ohne Unterbrechung.

Die Art und Weise der Ernährung des Wespenbussards gibt es unter den Greifvögeln völlig einzigartig. Im niedrigen Gleitflug streicht er über den Boden und hält Ausschau nach Erdlöchern, bei denen Wespen ein- und ausfliegen. In der Nähe ihres Nestes

Wespenbussard (Fortsetzung)

geht er zu Boden und nähert sich vorsichtig, doch rasch und gewandt dem Ziel. Nach einer kurzen Inaugenscheinnahme des Erdloches beginnt er es mit gewaltigen Scharrgriffen der Fänge zu erweitern. Oft hilft er sich dabei auch mit dem Schnabel. Die wütenden Wespen stören ihn in keiner Weise. Beim Scharren und Herausreißen der Rasenstücke greift er sie geschickt mit dem Schnabel, schluckt sie ganz hinunter oder kneift ihnen das Ende des Hinterleibes mit dem Stachel ab. Gegen ihre Stiche ist er durch ein dichtanliegendes Federkleid geschützt, und zwischen Auge und Schnabel, wo andere Greifvögel schüttere, borstige Flaumhaare haben, schützen den Wespenbussard derbe, ziegeldachartig angeordnete Federchen. Die Fänge des Wespenbussards erinnern an die Scharrfüße der Hühnervögel. Die kräftigen Zehen sind mit massiven, jedoch kurzen und flachen Krallen bewehrt. Der unbefiederte Teil des Laufes ist von starken, hornartigen Platten bedeckt, die kein Stachel durchdringt. Außer Wespen und deren Larven verzehrt der Wespenbussard auch andere Insekten, kleine Wirbeltiere und häufig auch verschiedene Früchte und Obst.

Der Wespenbussard ist ein Zugvogel und bewohnt die Wälder fast ganz Europas, nur in den allersüdlichsten Teilen Spaniens und Italiens, sowie in Nordskandinavien ist er nicht anzutreffen. Aus ihren Winterquartieren in den afrikanischen Tropen kehren die Wespenbussarde in der Regel erst im Mai zurück und bauen in Baumkronen ihre bis 1 m breiten Horste. Das Gelege besteht aus meist zwei braunroten marmorierten Eiern, die das Weibchen abwechselnd mit dem Männchen 30 bis 35 Tage lang bebrütet. Nach 5 bis 7 Wochen verlassen die Jungen das Nest. Im September bis Oktober begeben sich die Wespenbussarde wiederum in ihre Winterherberge.

Habicht

Accipiter gentilis (L.)

Habichtartige
Accipitridae

Der Habicht schlägt alles, was er durch seine Größe und Kraft zu
überwältigen vermag. Er nimmt mit kleinen Mäusen und
Buchfinken vorlieb, wagt sich jedoch auch an Hasen, Hennen,
Auerhähne und Fischreiher heran. 10 % seiner Nahrung bilden
Säugetiere, den Rest Vögel. Die Jäger sehen den Habicht nicht
gern und betrachten ihn als Beutekonkurrenten. Deshalb wird er
trotz des Verbotes häufig erlegt, was andererseits jedoch durchaus
nicht ganz leicht ist. Obgleich er in den europäischen Wäldern
keine ausgesprochene Seltenheit ist, führt er ein so heimliches
Leben, daß man ihn nur ausnahmsweise zu Gesicht bekommt. Im
freien Gelände fliegt er selten und streicht in der Regel nur rasch
darüber hinweg. Auch baumt er nicht auf erhöhten Stellen wie der
Mäusebussard. Sein Jagdrevier ist das Astgewirr der Waldbäume.

Auf den ersten Blick könnte man wohl sagen, daß der Habicht
eine vergrößerte Ausgabe des Sperbers sei. Das Männchen ist am
Rücken dunkler als das Weibchen, und es fehlt ihm die rötliche
Färbung der Unterseite. Die geschlechtliche Unterschiedlichkeit
äußert sich in der Körpergröße. Das wesentlich größere Weibchen
wiegt 1 bis 1,2 kg und erreicht eine Spannweite von 120 cm.
Hingegen wiegt das Männchen kaum 3/4 kg, und seine Spannweite
beträgt etwa 1 m. Es herrscht die Ansicht, daß die unterschiedliche
Größe von Habichten eine weitgehendere Nützung des Jagdrevie-
res ermöglicht, das in der Regel 12 bis 19 km² umfaßt. Das
Weibchen schlägt die größeren Beutetiere, während die kleineren
und gewandteren Männchen auch in Dickungen geschickter zu
überraschen verstehen.

Im Flug ähnelt der Habicht einigermaßen dem Bussard, vor
allem größenmäßig (Weibchen). In der Ansicht von unten erweckt
der Habicht einen hellen Eindruck, während beim Bussard dunkle
Flecken mit hellen wechseln. Der Bussard streicht gern im

Habicht (Fortsetzung)

Segelflug, weite Kreise ziehend, über die Feldkulturen hin und äugt nach Wühlmäusen. Der Habicht hingegen fliegt meist geradlinig und nicht allzuhoch über den Baumkronen dahiń. Er ist bestrebt, die Beute zu überraschen und sich ihrer unverhofft zu bemächtigen. Die abgerundeten kurzen Flügel und der lange, weit ausbreitbare Stoß begünstigen das geschickte Manövrieren in den Beständen.

Der Habicht bewohnt die Waldgebiete Europas, Nord- und Mittelasiens, Nordamerikas und horstet auch in Nordafrika. Innerhalb dieses Verbreitungsgebietes bildet er zahlreiche geographische Formen.

Der Habicht baut seinen gut getarnten Horst ziemlich tief im Wald auf hohen Bäumen. Das Paar benützt ihn Jahre hindurch, bessert ihn immer wieder aus, und so wird er mitunter bis zu 1 m breit und ebenso hoch. Die Balz des Männchens begleitet außer dem markanten „Kiak-Kiak" ein herrlicher und akrobatischer Hochzeitsflug. Im April legt das Weibchen 3 bis 4 schmutzig graugrünlich weiße Eier und beginnt mit dem Bebrüten gewöhnlich nach dem zweiten Ei. Die Jungen schlüpfen nach 35 bis 38 Tagen aus. Sie werden vom Weibchen geatzt, das Männchen sorgt nur für die Rupfung und übergibt die Beute an bestimmten Plätzen dem Weibchen. Im Alter von 40 Tagen können die Jungen bereits gut fliegen. Von den Altvögeln unterscheiden sie sich durch einen bräunlichen Rücken und eine ockerfarbene Unterseite mit braunen Schaftflecken.

Sperber

Accipiter nisus (L.)

Habichtartige

Accipitridae

Durch die Baumkronen am Dorfrand schießt der graublaue Blitz des Sperberleibes, nimmt mit regelmäßigen Flügelschlägen Höhe auf und streicht in der Richtung des nahen Waldrandes ab. Der Sperber hat da eben einem seiner Jagdreviere einen Besuch abgestattet. Im gleichen Augenblick stürzt ihm das lärmende Volk der Rauch- und Mehlschwalben, Stelzen und Sperlinge nach, um den Eindringling zu verfolgen. Sie fliegen hinter, neben und über ihn, doch keiner wagt einen Angriff, und ein jeder hütet sich auch, unter ihn zu geraten. Instinktiv sind sie sich dessen bewußt, daß ein zu nahes Herankommen den sicheren Tod bedeutet. Ein einziger Seitenausfall der langen Sperberfänge, und aus der Umklammerung der nadelartigen Krallen gibt es kein Entrinnen mehr. Der Sperber strebt jedoch unbekümmert seinem Ziel zu, und die Schar der Verfolger bleibt zurück, sowie sie Sicherheit erlangen, daß die Gefahr von ihren Heimstätten abgewendet ist.

Es nimmt Wunder, wo die Spatzen, die beim Blitzangriff des Sperbers kopflos in die Sträucher flüchten und auch dort nicht vor ihm sicher sind, den Mut hernehmen, sich in Gefahr zu begeben und den Räuber bis in die Feldflur hinaus zu verfolgen. Doch die Erklärung ist gar nicht so schwer. Der Sperber schlägt seine Beute im Überfall und entwickelt auf kurze Strecken eine beachtliche Geschwindigkeit. Das Überraschungsmoment wird dadurch verstärkt, daß der Angriff völlig unerwartet kommt, das Opfer meist gerade der Ruhe pflegt und erst viel zu spät reagiert. Im freien Feld ist der Sperber jedoch wesentlich weniger gefährlich, und die kleinen Vögel haben immer noch Zeit genug, vor einem eventuellen Angriff das Weite zu suchen. Seiner mangelnden Befähigung zu einer längeren und schnellen Verfolgung ist sich der Sperber auch anscheinend bewußt und schert sich darum nicht um die zudringliche Schreierschar.

Sperber (Fortsetzung)

Der Sperber gehört zu den ziemlich häufigen europäischen Greifvögeln und bewohnt sämtliche Waldarten, wenngleich er Nadelhölzer bevorzugt, weil sich dort in den dichten Fichtenkronen heimlicher der Horst bauen läßt. Der Sperber horstet in ganz Europa, in Nordafrika und einem großen Teil Sibiriens. Manche Sperber sind Standvögel, andere Strich- oder teilweise Zugvögel.

Das kleinere Männchen ähnelt in Färbung und Größe dem Kuckuck, wiegt durchschnittlich 140 g und erreicht eine Spannweite von 60 cm. Das größere Weibchen wiegt etwa 240 g und seine Spannweite beträgt 75 cm. Die Oberseite ist graubraun. die Unterseite hell mit schrägen dunklen Wellenstrichen. Das Männchen ist blaugrau gefärbt, doch ist seine Unterseite roströtlich. Die Hosen sind markant rötlich.

In ihre Nistbezirke kehren die Sperber im März zurück, und man kann da ihre von durchdringenden, scharfen Schreien begleiteten Hochzeitsflüge beobachten. Der Horst befindet sich meist am Waldrand oder am Rand von Waldblößen, in einer Höhe von 5 bis 20 m. Im Mai bis Juni legt hier das Weibchen 4 bis 6 braun-, grau- und violett marmorierte Eier, aus denen nach 33 Tagen die Jungen ausschlüpfen. Diese werden vom Weibchen mit den verschiedensten in Stücke gerissenen kleinen Wirbeltieren geatzt. Nach 24 bis 30 Tagen werden die Jungen flügge und verlassen die Eltern im Alter von 6 Wochen.

Kurzfangsperber

Accipiter brevipes (SEVERTZOW)

Habichtartige
Accipitridae

Die meisten Menschen unterscheiden die Greifvögel nicht nach ihren charakteristischen Merkmalen, sondern begnügen sich mit Pauschalbezeichnungen. Wenn in einen Sperlingsschwarm ein turteltaubengroßer Räuber einfällt, dann ist es eben ein Sperber, und wenn über Wald und Wiesen ein großer Vogel seine Kreise zieht, dann wäre es ein Habicht. Dabei sind Sperber und Habicht nur ein kleiner Bruchteil der reichen Greifvogelordnung.

In den mitteleuropäischen Gegebenheiten ist der Sperber ein ziemlich häufig vorkommender Greifvogel, und die Mehrheit der Ornithologen ist davon überzeugt, daß hier keine andere Sperberart lebt und horstet. Dennoch kommt es vor, daß mitunter ein Sperber beobachtet oder erlegt wird, der sich von der allgemein gängigen Art einigermaßen unterscheidet. Es ist der Kurzfangsperber, der als Irrgast von seinen Brutstätten in Südosteuropa oder Südasien hierher verschlagen wurde. Er horstet auch in Afrika, südlich der Sahara.

Er ist ein naher Verwandter des Sperbers und sieht ihm auch recht ähnlich. Doch sind die Flügel verhältnismäßig länger und schlanker, und der Stoß ist kürzer. Bei der Ansicht von unten ist der markante Kontrast zwischen den schwarzen Flügelspitzen und dem helleren Gefieder der Flügelunterseite zu erkennen. Diese ist beim Sperber in Längsrichtung gebändert. Außerdem hat der Kurzfangsperber tatsächlich kürzere Zehen als sein Vetter.

Seinen Horst baut der Kurzfangsperber auf Bäumen in Laubwäldern. Durchschnittlich mißt er 25 bis 35 cm, und in die Mitte seiner weichgepolsterten Grube legt das Weibchen 2 bis 4 grün-, blau- und braungefleckte Eier. Die Jungen schlüpfen nach 4 bis 5 Wochen aus und verlassen nach weiteren 45 Tagen den Horst.

Rotmilan

Milvus milvus (L.)

Habichtartige
Accipitridae

Im einführenden Teil über die Greifvögel wurde dargelegt, daß sie ihre Horste aus dünneren oder dickeren Ästen bauen und auf dieses Grundmaterial dann eine weiche Schicht trockenen Grases, Laub oder Moos betten. Der Rotmilan, ebenso wie sein Verwandter — der Schwarzmilan —, tragen jedoch in ihre Horste die verschiedensten Abfälle industrieller Art. Sie lesen Tuchlappen, Gummistücke, Papier, Knochen, Lederreste, Fellstücke, Stroh, Plastikbeutel, Wattetampons und dgl. auf, um das alles zum Nestbau zu verwenden. In ihren Horsten wurden sogar Wollhandschuhe und ein Schulheft gefunden.

Der Rotmilan ist etwas größer als der Mäusebussard. Er mißt bis zu 60 cm, wiegt 1000 bis 1250 g und seine Spannweite beträgt 150 bis 160 cm. Die Färbung des Federkleides weist rostbraune Töne auf. Der Kopf ist, verglichen mit dem übrigen Körper, heller mit dunkleren Schaftstreifen. Ein völlig charakteristisches Kennzeichen des Rotmilans ist der tiefgegabelte Stoß. Die langen Flügel sind beim Gleitflug leicht gewinkelt, und an ihrer Unterseite sind markante weiße Flecken zu sehen. Vom artverwandten Schwarzmilan unterscheiden ihn die mehr rötliche Färbung des Gefieders und die tiefere Gabelung des Stoßes.

Der Rotmilan ist über den ganzen Westteil des paläarktischen Gebietes verbreitet. Er lebt und horstet in den nördlichsten Teilen Afrikas, auf den Kanarischen und Kapverdischen Inseln sowie in Kleinasien. In Europa kommt er von den Südländern über Mitteleuropa bis nach Südskandinavien und im Osten bis zur Ukraine vor. In Dänemark, Belgien sowie in den Niederlanden ist er höchst selten und horstet hier nur ganz vereinzelt. Ebenso fehlt er in den Westteilen der ČSSR. Der Rotmilan ist ein Zugvogel, dessen Winterquartiere vor allem im nördlichen Mittelmeergebiet

Rotmilan (Fortsetzung)

liegen. Die Zeit der herbstlichen Wanderungen beginnt bereits im August. Die Rückkehr an die Horstplätze erfolgt im März.

Der Rotmilan zeichnet sich durch einen leichten, völlig perfekten Flug aus und versteht es meisterhaft, die Luftströmungen zum Segelflug auszunützen.

Er nährt sich von Beuteresten anderer Greifvögel, Aas und Abfällen, doch ist er auch durchaus fähig, einen jungen Hasen oder kleineren Vogel zu schlagen. Das Resultat seiner bodennahen Streifflüge sind jedoch meist Wühlmäuse, Eidechsen, Ziesel, Maulwürfe oder größere Insekten. Oft durchsucht er auch Teichflächen nach toten Fischen. Seinem scharfen Auge entgeht kein Aasstück, das dann so lange aufgesucht wird, bis alles gekröpft ist.

Zum Horsten bevorzugt der Rotmilan den Waldrand oder kleinere vereinzelte Baumbestände. Hoch oben in den Baumkronen baut er dann entweder selbst einen Horst, oder benutzt noch lieber alte Krähennester oder Horste anderer Vögel. Im April bis Mai legt das Weibchen 2 bis 3 weißliche, braun gefleckte Eier, die es meistens selbst etwa 30 Tage lang bebrutet. Das Männchen löst es nur ganz selten ab. Die Jungen hocken verhältnismäßig lange im Horst und werden erst nach 40 bis 50 Tagen flügge.

Schwarzmilan

Milvus migrans (BODDAERT)

Habichtartige
Accipitridae

Beim Schwarzmilan ist die Neigung zur parasitären Nahrungsbeschaffung wesentlich ausgeprägter als beim Rotmilan. Zwar hat dieser knapp 1 kg wiegende Greifvogel mit einer Spannweite von 145 bis 155 cm alle Voraussetzungen dazu, Beutetiere bis zur Hennengröße selbst zu schlagen, doch viel lieber kröpft er die Beutereste anderer Tiere. Den Adler versteht er so lange zu belästigen, bis dieser die Beute lieber fallen und dem lästigen Bettler überläßt. Seiner parasitären Ernährungsweise hat der Schwarzmilan sogar die Horstgewohnheiten angepaßt. Gar oft besetzt er verlassene Nester inmitten von Fischreiher-, Nachtreiher- oder Kormorankolonien, wo es eine Menge toter Fische gibt, die beim Atzen der Jungen über den Nestrand zu Boden fallen. Aus dem gleichen Grund setzt er sich in der Nähe von Falken-, Fischadler- und Habichthorsten an. Sein Biotop ist der Wald. Meist ist da auch ein Fluß, See oder der Meeresstrand in der Nähe, wo es lebende und tote Fische zu erbeuten gibt. Zur Zeit des Nahrungsmangels nimmt er auch mit Eidechsen, Fröschen, Insekten, Schnecken und Regenwürmern vorlieb.

Der Schwarzmilan ist ungefähr so groß wie der Mäusebussard und ähnelt ihm auch in der Färbung. Das Gefieder ist dunkelbraun, beim Alterskleid sind Kopf und Brust grauweiß mit dunklen Schaftstreifen. Beide Geschlechter sind färbungsgleich, doch ist das Männchen etwas kleiner. Im Flugbild ist der Schwarzmilan an dem mäßig gekerbten Stoß zu erkennen, und bei völlig ausgebreiteten Flügeln ist die Fingerung der sechs Handschwingen deutlich, während beim Mäusebussard und Rotmilan nur fünf Handschwingen vorhanden sind. Vom Mäusebussard unterscheidet er sich überdies durch die schmäleren Flügel.

Der Schwarzmilan bewohnt in acht geographischen Formen fast die ganze Alte Welt. Nur in den nördlichsten Teilen Europas

Schwarzmilan (Fortsetzung)

und Asiens ist er nicht vorzufinden. Er ist auch in den australischen Gebieten verbreitet sowie auf den ostindischen Inseln. In Europa hält er sich in Niederungen und Hügellandschaften auf, während er Höhenlagen meidet. Nachdem die Jungen ausgeflogen sind, das ist gewöhnlich im August oder September, zieht er in die Winterquartiere im tropischen und südlichen Afrika. An die Brutplätze kehrt er Ende März oder im April zurück.

Den einmal gebauten Horst bewohnt das Paar lange Jahre. Alljährlich wird etwas zugebaut, und so entstehen Gefüge von 50 bis 110 cm Durchmesser und 25 bis 80 cm Höhe. Am Horstbau nehmen beide Vögel teil. Der Horstausbau nimmt in geringerem Maße auch während des Nistens seinen Fortgang, und beide Vögel schaffen täglich einige neue Zweige herbei, mit denen der Horstrand erhöht wird.

Ende April, Anfang Mai tauchen im Horst 2 bis 3 Eier auf, die denen des Rotmilans ähnlich sehen. In beschränktem Maße schlüpfen etwa nach 30 Tagen allmählich aus. Das kleinste Junge wird in der Regel von der Atzung weggedrängt, und wenn es eingeht, kröpfen es die älteren Geschwister. Die Jungen verlassen den Horst im Alter von 42 bis 45 Tagen.

Gleitaar

Elanus caeruleus (DESF.)

Habichtartige
Accipitridae

Die ausgedehnten parkartigen Landschaften mit schütteren Hainen in Afrika, auf Madagaskar, in Südasien sowie in den südlichen Teilen Portugals sind die Heimstätte des mit den Milanen verwandten Gleitaars. Er wiegt ungefähr 230 g, und seine Körpermaße unterscheiden sich nicht allzusehr von jenen des Turmfalken. Die Oberseite ist graublau, die Bauchseite weiß, auf den Schultern befinden sich breite schwarze Felder. Der kurze Stoß ist leicht gekerbt. Jungvögel haben eine graubraune Oberseite, während ihre Unterseite weißlich, mit einem rostrotem Anflug ist.

Im Flugbild sind die langen, spitzen Flügel markant. Der Gleitaar versteht sich ausgezeichnet auf den Segelflug und beim Ausschauhalten nach Beute rüttelt er an einer Stelle, gleich dem Turmfalken. In seinem ganzen Verbreitungsgebiet kommt er nicht allzuhäufig vor, jedoch versammeln sich bei Nahrungsüberschuß, z. B. bei Massenvermehrungen von Wanderheuschrecken, große Scharen. Außer Insekten verzehrt der Gleitaar auch Kleinsäuger, Vögel, Eidechsen sowie die verschiedensten Abfälle. Seine Stimme ist zart und melodisch.

Der Gleitaar baut seinen Horst niedrig über dem Boden aus dünnen Ästen in den Zweigen von Bäumen und Sträuchern. Dort legt das Weibchen 3 bis 5 rotbraun gefleckte Eier. Gleich mit dem ersten Ei beginnt es zu brüten. Die europäischen Gleitaare nisten in Portugal von März bis Mai, die Brutzeit in den Tropengebieten richtet sich nach den klimatischen Verhältnissen. Die Brutdauer währt 25 bis 26 Tage, die Jungen schlüpfen in Zeitabständen von 2 bis 3 Tagen aus und werden nach 30 bis 40 Tagen in der Reihenfolge des Ausschlüpfens flügge.

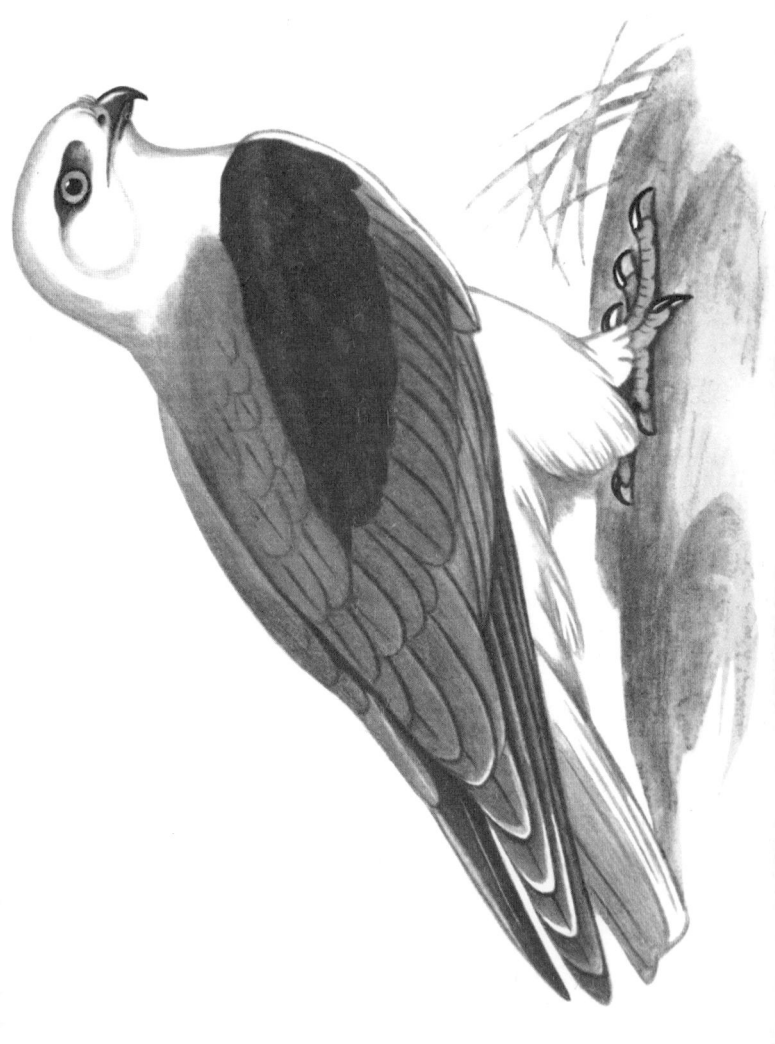

Schwalbenweihe

Elanoides forficatus (L.)

Habichtartige
Accipitridae

Den Ornithologen sind einige ganz seltene Fälle bekannt, in denen Irrgäste aus Amerika in Europa auftauchen. Derartige Funde sind zumeist Folgeerscheinungen heftiger Stürme, deren Luftströmungen die Vögel oft Tausende Kilometer weit verschlagen.

Auf diese Weise läßt sich auch das höchst seltene Vorkommen der Schwalbenweihe in Europa erklären, die an sich als Bewohner des Gebietes von den südöstlichen Teilen der USA bis nach Argentinien zu bekannt ist. Zu Beginn dieses Jahrhunderts erfolgten in Deutschland zwei nachweisbare Abschüsse; Fundmeldungen weiterer Exemplare sind hingegen schon weniger glaubwürdig.

Die Schwalbenweihe ist ein eleganter, auffällig gefärbter Vogel mit einem tiefgegabelten Stoß. Vom Schnabel bis zum Ende der Steuerfedern mißt sie ungefähr 60 cm, in Wirklichkeit ist sie jedoch kleiner, denn der Stoß ist fast ebenso lang wie der ganze Leib. Erwachsene Vögel sind ganz weiß, nur das Rückengefieder, die Flügel und der Stoß sind tiefschwarz. Das Jugendkleid ist oberseitig grau und fein gefleckt.

In eleganten Kurven kreist die Schwalbenweihe niedrig über dem Boden und hält Ausschau nach Beute. Sie schlägt Kleinsäuger, Eidechsen, Vögel und deren Junge. Ihre Fluggewandtheit nützt sie auch zum Erbeuten fliegender Insekten, die mit den Fängen ergriffen und noch in der Luft gekröpft werden. Der Horst befindet sich in den Kronen hoher Bäume. Je nach den gegebenen klimatischen Verhältnissen legt das Weibchen im Januar bis Juni 2 bis 3 unregelmäßig gefleckte Eier.

Fischadler

Pandion haliaëtus (L.)

Habichtartige
Accipitridae

Ein Vogel, der mit seinem eigenen Leib die Fische harpuniert — so könnte dieser Greifvogel bezeichnet werden, der sich ausschließlich auf Fischnahrung spezialisiert hat. In schmucken Bogen und Kurven streicht er über den Spiegelflächen klarer Gewässer dahin, und wenn er den dunklen Schatten eines Fisches erspäht, preßt er die Flügel an den Leib und stürzt sich aus einer Höhe von 10 bis 50 m mit vorgestreckten Fängen ins Wasser. Nach einer kurzen Weile taucht er wieder heraus und nimmt in schwerem Flug, die bis 2 kg wiegende Beute tragend, wieder Höhe auf. Noch im Flug schüttelt er das Wasser aus dem Gefieder und fliegt völlig trocken weiter. Sein Gefieder wird nämlich dauernd durch eine kräftig entwickelte Bürzeldrüse eingefettet. Er fängt ebenso gesunde wie auch kranke und tote Fische. Die scharfen, langen und fast halbkreisförmigen Krallen werden so fest in den Rücken des Fisches geschlagen, daß ein Entkommen völlig ausgeschlossen ist. Zwei Zehen von vorn und zwei von hinten bilden eine perfekte Zange. Überdies sind die Unterseiten der Zehen mit glaspapierartig rauhen, kantigen Ballen versehen. Es sind einige seltene Fälle bekannt geworden, in denen der Fischadler seine Krallen in einen zu großen Fisch eingehackt hat, der ihn unter das Wasser zog, wo er dann mitsamt seiner Beute umkam. Wenn die Gewässer seines Jagdgebietes trüb sind, schlägt er auch kleine Säugetiere und Vögel, besonders ihre Jungen.

Die Rückenseite des Fischadlers ist fast schwarz, die Unterseite weiß, mit Ausnahme eines dunklen Augenstreifens. Die Weißfärbung der Unterseite ist wahrscheinlich beim Fischfang von Bedeutung. Gegen den klaren Himmel ist die helle Silhouette des Vogels nicht so deutlich zu unterscheiden, und der Fisch bemerkt sie von unten nicht so leicht, als wenn die Unterseite dunkel wäre. Die Spannweite des Fischadlers erreicht bis zu 170 cm, das

116

Fischadler (Fortsetzung)

Gewicht 1,5 bis 2 kg. Ein charakteristisches Merkmal des Fischadlers ist — abgesehen von der Färbung — die leichte Rückwärtskrümmung des Handgelenkes beim Ruderflug. Beim Segelflug hingegen, sind die Schwingen völlig gerade ausgebreitet.

Der Fischadler kommt fast in ganz Europa, Asien, Australien, auf den Sundainseln, in Nord- und in Mittelamerika vor. In Mitteleuropa wurde er jedoch so heftig verfolgt, daß er hier fast ausgestorben ist. Die höchsten Bestände gibt es bislang in Skandinavien, wo sie doch noch mehr Ruhe haben. Bevor im Winter die Wasserflächen zufrieren, ziehen die Fischadler im September oder Oktober in ihre Winterquartiere in Ost-, Mittel- und Südafrika. Einige bleiben schon im Mittelmeergebiet.

An ihre Horstplätze kehren sie im März bis April zurück. Das Fischadlerpaar kehrt regelmäßig zu seinem Horst zurück und benutzt ihn einige Jahre hindurch. Solche alljährlich wieder ausgebesserten Horste sind bis zu 1,5 m breit und auch 2,5 m hoch. Sie befinden sich auf hohen Überständern, mitunter auch auf Gittermasten der Hochspannungsleitungen. In der Tundra sind die Fischadler auch Bodenbrüter. In der Regel im Mai legt das Weibchen 2 bis 3 dunkelbraun dichtgefleckte Eier, aus denen nach 37 bis 38 Tagen die Jungen schlüpfen. Ungefähr 8 Wochen später sind sie flügge.

Rohrweihe

Circus aeruginosus (L.)

Habichtartige
Accipitridae

In Europa gibt es eine mehr oder weniger seltene Greifvogelgattung, die zusammenfassend als Weihen bezeichnet wird. Ihre vier Vertreter sind durchweg elegante Jäger kleiner Wirbeltiere und Insekten. Sie zeichnen sich durch einen schlanken Körperbau, lange Läufe und Flügel sowie einen langen Stoß aus. Um die Augen haben sie ringförmig angeordnete steifere Federchen, die einen dem der Eulen nicht unähnlichen Schleier bilden. Die Bestimmung der Weihenarten ist höchst schwierig, da die Männchen der drei graufarbigen Arten einander sehr ähnlich sehen und die Weibchen fast überhaupt nicht voneinander zu unterscheiden sind.

Wohl am einfachsten ist noch die Rohrweihe zu bestimmen, die von allen Weihen die größte und wohl auch die häufigste ist. Bei den Rohrweihen — wie übrigens bei allen Weihenarten — ist der sexuelle Dimorphismus außerordentlich markant. Das kleinere Männchen wiegt 400 bis 720 g und ist an der Oberseite kastanienbraun, am Kopf und an der Brust gelblich und am Bauch rotbraun. Der Stoß ist silbergrau, und auch auf den Flügeln sind Grauflächen vorhanden, von denen sich im Flug markant die schwarzen Flügelspitzen abzeichnen. Zum Unterschied von den übrigen Weihen ist der Bürzel niemals weiß. Das größere und schwerere Weibchen (480 bis 980 g) sowie die Jungvögel sind einfärbig braun, nur auf dem Kopf befindet sich eine rahmfarbene Kappe, und die Kehle ist gelblich. Die Spannweite der Rohrweihe beträgt 120 bis 140 cm, wobei die geringere Angabe stets für die Männchen gilt.

Die Rohrweihe ist fast in ganz Europa verbreitet — mit Ausnahme des äußersten Nordens — sowie in ganz Mittelsibirien bis zum Fernen Osten. Sie horstet auch in Nordafrika, auf Madagaskar und im australischen Gebiet. Sie ist ein Zugvogel und

Rohrweihe (Fortsetzung)

begibt sich Ende September in die Winterherberge in Südeuropa, Nordwest- und Mittelafrika. Zu den Brutplätzen kehrt sie Anfang März zurück.

Das hauptsächlichste Jagdgebiet der Rohrweihe sind schilfbewachsene Teichufer, Buchten, blinde Flußarme, Rohrdickichte und notfalls Wiesen und Sümpfe in Wassernähe. Über diesem Revier kreuzt sie nun in schwankendem, langsamem Flug, der nicht gerade dazu angetan ist, den Eindruck einer besonderen Fluggeschicklichkeit hervorzurufen. Man darf jedoch diesen Flug nicht nach menschlichen Maßstäben beurteilen, sondern muß von seiner biologischen Zweckmäßigkeit ausgehen. Die Rohrweihe schlägt ihre Beute nämlich nicht in der Luft, sondern macht sie im Patrouillenflug im Wasser oder am Boden ausfindig. Sobald sie mit ihrem scharfen Blick einen ruhenden Frosch, eine unvorsichtige Wühlmaus oder das schwimmende Junge eines Wasservogels wahrnimmt, stürzt sie sich blitzartig auf die Beute und ergreift sie mit ihren langen dünnen Zehen und Krallen.

Den Horst baut sie im dichtesten Ried auf umgelegten Schilfhalmen, manchmal auch unmittelbar auf der Wasserfläche. Mit Vorliebe benützt sie auch alte Nester anderer Wasservögel. Im Mai legt das Weibchen 3 bis 6 weißliche kugelige Eier, die einen Monat lang bebrütet werden. Dann schlüpfen die weißen Dunenjungen aus, die mit der verschiedenartigsten tierischen Nahrung geatzt werden und nach 7 Nesthockerwochen imstande sind, selbst zu fliegen.

Kornweihe

Circus cyaneus (L.)

Alle Weihen haben lange, schlanke und fransige Flügel, einen
verhältnismäßig langen Stoß, und ihr Flug ist dem Hin- und
Herschwanken eines vom Winde dahingetriebenen Papierstückes
nicht unähnlich. Es ist bezeichnend, daß alle diese schlankläufigen
Greifvögel im Fluge, besonders beim Segelflug, die Flügel nicht
waagerecht, sondern schräg emporgestellt halten. In der Vorder-
oder Hinteransicht schließen also die Flügel einen stumpfen
Winkel ein und beschreiben ein weitgeöffnetes V.

Die Kornweihe ist die größte aller drei graufarbigen Weihenarten, wobei allerdings die Bezeichnung, „größte" mit einiger
Reserve aufzufassen ist, da die Unterschiede bei erwachsenen
Vögeln nur Zentimeter betragen und bei der Bestimmung in der
freien Natur kaum von Wert sind. Das Männchen wiegt 330 bis
400 g, ist ungefähr 50 cm lang und seine Spannweite erreicht 100 bis
120 cm. Weibchen können bis zu 500 g wiegen. Die Färbung des
Männchens ist schlicht. Aus dem aschgrauen Gefieder leuchtet der
weiße Bürzel, der einen markanten Farbkontrast zu den schwarzen
Flügelenden bildet. Von der höchst ähnlichen Wiesenweihe
unterscheidet sie sich durch das Fehlen der schwarzen Flügelbinde
und der Schaftflecken am Bauch. Ein Problem bleibt jedoch die
Bestimmung der einander äußerst ähnlich sehenden Weibchen.
Die Oberseite des Körpers ist braun, die Unterseite mit
Schaftflecken auf zwiebelig gelbem Grund. Überdies tragen auch
Jungvögel das Federkleid der Weibchen, solange sie nicht das
geschlechtsreife Alter erreicht haben. In der freien Natur vermag
sie auch der gewiegte Ornithologe nicht zu unterscheiden.
Zuverlässig ist nur die Unterscheidung durch Form und
gegenseitiges Verhältnis der Handschwingen, doch dazu ist es
notwendig, den zu bestimmenden Vogel in der Hand zu haben.

Das Brutgebiet der Kornweihe sind Ufer größerer Teiche mit

Kornweihe (Fortsetzung)

Schilfgestrüpp und dichter Vegetation, blinde Flußarme, Sümpfe, Moorwiesen und die Heide. Nicht selten kommt es auch vor, daß die Kornweihe ihren Horst inmitten eines Getreidefeldes, auf einem sonnenwarmen Kahlschlag oder auf offener Ebene errichtet. Er liegt jedoch stets am Boden. Die Kornweihe ist zwar recht weitverbreitet, kommt jedoch nirgends allzu häufig vor. Sie ist in ganz Europa — mit Ausnahme von Nordskandinavien — zu finden sowie in Mittelsibirien und — ebenfalls mit Ausnahme der nördlichsten Gebiete — auch in Nordamerika.

Im März kehrt die Kornweihe zu ihren Brutplätzen zurück. Ihr Liebesspiel begleitet ein beeindruckender Tanzflug mit den verschiedensten Flugkunststücken. Im April bis Juni baut das Weibchen meist selbst aus trockenen Halmen und Zweigen einen Horst, dessen Durchmesser 40 bis 50 cm erreicht. Der Horstbau dauert einige Tage. Die weißlichen, mitunter auch bläulichen Eier werden in eine weichgepolsterte Grube gelegt und 30 Tage lang bebrütet. Dann schlüpfen 4 bis 6 weiße Dunenjunge aus. Die Alten atzen sie mit zerrissenen Wühlmäusen, Fröschen, Eidechsen Vogeleiern und Insekten. Nach etwa 35 Tagen elterlicher Pflege sind die Jungen so weit, daß sie das Nest selbständig verlassen können.

Steppenweihe

Circus macrourus (GMELIN)

Habichtartige
Accipitridae

Ein seltener Irrgast aus den osteuropäischen Steppengebieten und aus Westsibirien, der in Mitteleuropa nur ganz ausnahmsweise horstet, ist die gleichfalls graue Steppenweihe. Ihre Spannweite beträgt 105 bis 115 cm, die Länge 43 bis 48 cm. Das Männchen wiegt durchschnittlich 330 g, das Weibchen 450 g. Auf den Flügeln fehlt die schwarze Binde, doch hat das Männchen — ebenso wie das Männchen der Kornweihe — schwarze Flügelspitzen. Die Unterseite des Körpers ist fast weiß, ebenso der Bürzel. Das ist der einzige und dazu noch recht zweifelhafte Anhaltspunkt für die Artbestimmung in der freien Natur.

Ebenso schwierig ist die Bestimmung des unterschiedlich gefärbten Weibchens, das kaum vom Weibchen der Wiesenweihe zu unterscheiden ist. Die Oberseite ist braun, die Bauchseite gelblich mit Schaftflecken. Jungvögel sind an Brust und Bauch einfarbig zwiebelbraun, jedoch ohne Schaftflecken wie sie die jungen Kornweihen haben.

In Mitteleuropa zeigt sich die Steppenweihe nur im August bis Oktober oder im Frühjahr — im April und Mai — als Durchzügler, auf der Reise ins oder vom Winterquartier in Mittel- und Südafrika. Die sibirischen Steppenweihen überwintern in Indien.

In ihrer Lebensweise unterscheidet sich die Steppenweihe nicht allzusehr von den übrigen Weihen, horstet jedoch an trockeneren Stellen. Aus den 3 bis 5 weißlichen, im Mai bis Juni gelegten Eiern schlüpfen nach 30 Bruttagen Junge aus, die nach weiteren 35 bis 40 Tagen den Horst verlassen.

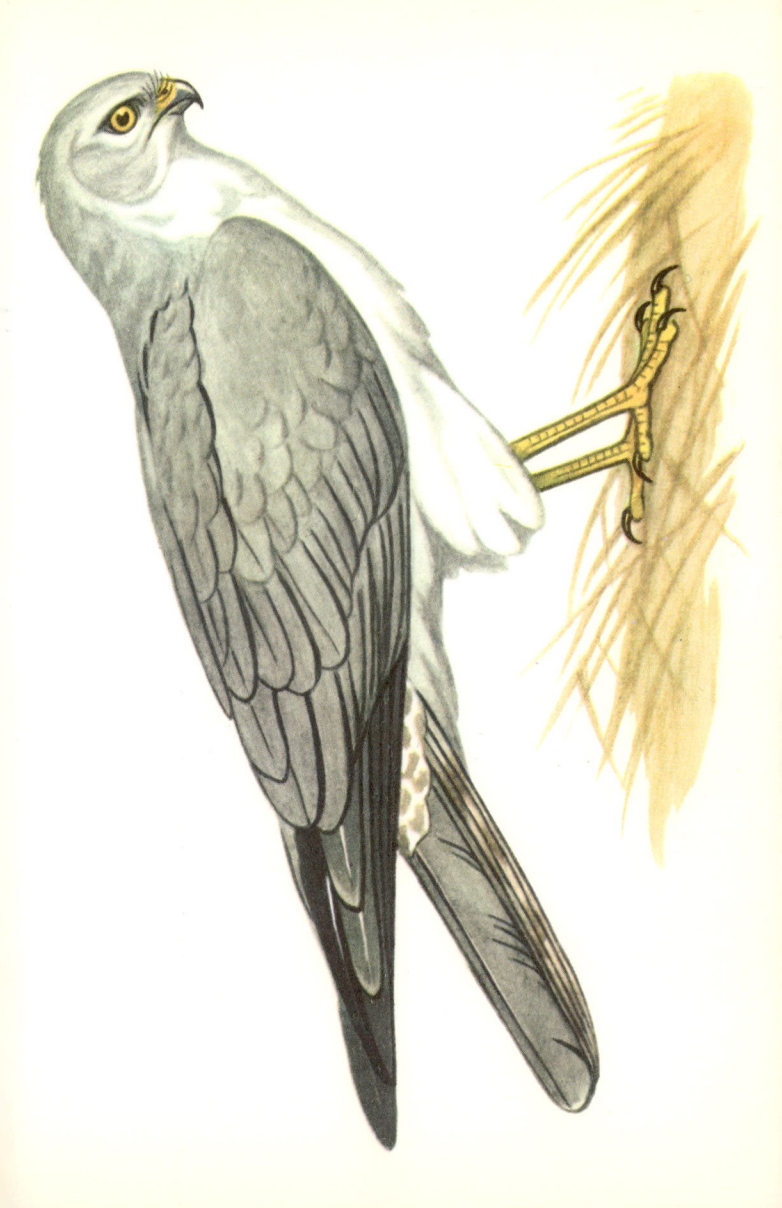

Wiesenweihe

Circus pygargus (L.)

Habichtartige
Accipitridae

Der letzte Vertreter der untereinander weitgehend ähnlichen drei Weihenarten ist die Wiesenweihe, die die kleinste der Gruppe ist. Ihre Länge beträgt 41 bis 46 cm, die Spannweite 105 bis 115 cm. Das Gewicht von 280 bis 430 g entspricht ungefähr jenen eines erwachsenen Rebhuhnes. Das unterschiedlich gefärbte Weibchen ist wiederum etwas größer und schwerer als das Männchen (bis um 100 g). Von der Kornweihe und der Steppenweihe ist ein erwachsenes Männchen durch die scharf abgesetzte schwarze Flügelbinde auf grauem Grund zu unterscheiden. Auch die Bauchseite ist nicht ganz hell, sondern von schwarzbraunen Schaftstreifen durchsetzt. Das Weibchen ist auf der Oberseite ebenso braun, wie die Weibchen anderer Weihen, die Unterseite ist auf gelblichem Untergrund braun gefleckt. Jungvögel ähneln den Weibchen, haben jedoch keine Flecken an Brust und Bauch.

Die Ähnlichkeit der Weihen ist derart weitgehend, daß es nützlich ist, wenigstens eine Aufstellung der Unterscheidungsmerkmale der Männchen in Form einer Bestimmungstabelle anzuführen. Nicht einbezogen ist allerdings die Rohrweihe, deren Federkleid ausreichende Unterscheidungsmerkmale aufweist.

	Bürzel	Kehle	Bauch	Flügelbinde
Kornweihe	leuchtend weiß	graublau	ohne Striche	fehlt
Wiesenweihe	graublau	graublau	mit Strichen	markant
Steppenweihe	weißlich	weiß	ohne Striche	fehlt

Wiesenweihe (Fortsetzung)

Die Wiesenweihe ist fast über ganz Europa verbreitet, im Norden bis nach Südskandinavien, im Süden bis Nordafrika (Marokko und Algerien) und im Osten bis nach Mittelsibirien, zum Altai und in die Gegend von Swerdlowsk. In Europa kommt sie jedoch keinesfalls häufig vor und horstet hier nur vereinzelt. Eher ist sie Ende August und im September als Durchzügler anzutreffen, wenn sie sich von ihren Brutplätzen in die Winterherberge im Mittelmeergebiet oder in Nordafrika begibt. Die Rückkehr zu den Horstplätzen erfolgt dann Ende April und im Mai.

Der Biotop der Wiesenweihe sind offene, parkartige Landschaften mit schütteren Hainen, Wiesen und Feldern, benachbarten Teichen nassen Wiesen oder Sumpfflächen mit Wiesenvegetation. Schon der Name besagt, daß die Wiesenweihe ein typischer Bewohner des Tieflandes ist. In höheren Lagen ist sie niemals anzutreffen.

Sobald das Paar in sein Brutgebiet zurückkehrt, bekräftigt es seine Gemeinschaft durch bezaubernde Hochzeitsflüge, bei denen besonders die Kunstfertigkeit und Eleganz des Männchens hervorragt. Gleich einer großen silbrigen Möwe gleitet es beschwingt durch die Lüfte, stürzt abwärts, um gleich wieder emporzusteigen, und umkreist unentwegt, Angriffe vortäuschend, seine Auserwählte.

Den Horst bauen beide Gatten an einem trockeneren Bodenfleck und tarnen ihn durch ein dichtes Kräutergewirr. Die ersten weißlichen Eier tauchen darin Anfang Mai auf, gewöhnlich sind es dann insgesamt 3 bis 5, mitunter jedoch auch mehr (bis zu 10). Die Jungen schlüpfen nach 30 Tagen aus, werden mit kleinen Wirbeltieren geatzt und können im Alter von 35 Tagen schon leidlich fliegen.

Jagdfalke

Falco rusticolus rusticolus (L.)

Falkenartige
Falconidae

Der größte europäische Falke (Falkenartige s. Seite 160) ist der in den nördlichsten Gebieten Skandinaviens lebende Jagdfalke. Er ist hauptsächlich ein Bewohner der Tundra, zieht sich jedoch auch weiter nach Süden, besonders in die Berge Mittelasiens. Ebenso kommt er in den nördlichen Teilen Nordamerikas vor. Die Jagdfalken der südlichen Fortpflanzungsgemeinschaften sind meist dunkler und kleiner, jene aus dem hohen Norden fast reinweiß und auch größer. Die weiße Färbung und die Körpergröße sind für die meisten Polartiere typisch. Es handelt sich um keine zufällige Erscheinung. Bei den größeren Tieren ist die Körperfläche relativ kleiner als bei den kleineren Tieren, und so haben die größeren Tiere nicht so große Wärmeverluste wie es bei den kleineren Tieren der Fall ist. Die Zellen der Weißfedern sind mit Luft gefüllt, die ein schlechter Wärmeleiter ist, während die Zellen der Dunkelfedern Farbstoffe umfassen, die um so bessere Wärmeleiter sind, je dunkler die Farbstoffe sind.

Der Jagdfalke ist ein Vogel, der in Kraft, Gewandtheit und Widerstandsfähigkeit den Wanderfalken überflügelt. Er ist 51 bis 56 cm lang, wiegt 1000 bis 2000 g, und seine Spannweite beträgt 130 cm. Die europäischen Jagdfalken sind oberseitig grau bis bräunlich, unten weiß und braun gefleckt. Sie horsten in den Felsen oder am Boden, das Gelege umfaßt 3 bis 5 gelbbraun gefleckte Eier und wird 28 bis 29 Tage lang, hauptsächlich vom Weibchen, bebrütet. Die Jungen werden nach 46 bis 49 Tagen flügge.

Grönlandfalke

Falco rusticolus candicans (GMELIN)

Falkenartige
Falconidae

Im Norden Grönlands und in Kanada lebt der fast weiße, nur unmerklich gesprenkelte Grönlandfalke. Er stellt den nördlichsten Vertreter der Jagdfalken dar und taucht ausnahmsweise als Irrgast in Europa auf. Er nährt sich von kleineren Vögeln, schlägt jedoch ohne Schwierigkeiten Enten, Birkhähne, Möwen, Hasen und sogar auch Polarfüchse. Wegen seiner Angriffslust und Kraft war er früher ein gesuchter Beizvogel. Im Mittelalter zogen von der dänischen Küste ganze Gruppen von Falkonieren nach Grönland, um von dort diese prächtigen weißen Falken mitzubringen. Jungvögel und erwachsene Falken wurden herbeigeschafft, lange Zeit abgetragen und an die Anwesenheit der Menschen gewöhnt, bis sie schließlich zu perfekten Beizvögeln wurden.

Heute ist diese Art der Jagd fast völlig in Vergessenheit geraten, die Feuerwaffen haben sie verdrängt. Dennoch fehlt es in einer Reihe von Ländern nicht an Versuchen, sie wieder aufzunehmen. Falken und Adler sind jedoch selten geworden, und so bedient sich die moderne Falknerei meist des Habichts. In alten Zeiten begaben sich die Falkoniere hoch zu Roß auf die Jagd, auf der durch einen starken Lederhandschuh geschützten Hand den Beizvogel, dessen Augen von einer weichen Lederkappe verdeckt waren. Sobald der Falkner ein Beutetier erblickte, nahm er dem Beizvogel die Kappe ab und warf ihn in die Richtung des abstreichenden Vogels ab. Der Beizvogel überholte das Opfer, schlug es zu Boden und hockte auf der Beute auf. Der Jäger ritt rasch zu ihm heran und nahm sie ihm ab.

Wanderfalke

Falco peregrinus (TUNSTALL)

Falkenartige
Falconidae

Zu den größten europäischen falkenartigen Greifvögeln gehört
auch der legendäre Wanderfalke. Von ihm kann behauptet
werden, daß es der Kosmopolit unter den Vögeln ist. Er bewohnt
fast die ganze Welt und bildet ungefähr 20 geographische
Formen. In Europa wird er immer seltener, aus einer Reihe von
Ländern ist er schon gänzlich verschwunden. Anderswo horsten
nur noch einige Paare in den Felswänden, auf Bäumen oder in den
Burgfrieden verfallener Ruinen. Einer der Hauptgründe, warum
die Falken schwinden, ist die sich immer steigernde Verwendung
von Pestiziden. Seine Spannweite erreicht fast 1 m, der Terzel ist um
1/3 leichter als das Weibchen, das bis zu 1300 g wiegt. Die Oberseite beider Geschlechter ist fast schiefergraublau, die Unterseite
ist hell mit schwarzer, schräger Wellung. Im Gesicht trägt er einen
schwarzen „Bart", der sich von der Schnabelwurzel bis zur Kehle
zieht.

Ähnlich wie der Adler steht auch der Wanderfalke in den
menschlichen Vorstellungen als Musterbeispiel der Perfektion da.
Seine Beute schlägt er grundsätzlich im Flug, am Boden greift er
niemals an. Im ungestümen Flug, dessen Geschwindigkeit im
Sturzangriff 270 bis 320 km/h erreicht, greift er niemals aus der
fliegenden Schar ein Opfer heraus, sondern sucht vereinzelte Vögel
oder versucht, schwächere Stücke vom Schwarm wegzutreiben.
Ihrerseits sichern sich die ziehenden Vögel dadurch, daß sie sich
dicht zusammenschließen oder wie die Steine zur Erde fallen.

Sobald der Wanderfalke ein Beutetier erspäht, bemüht er sich,
darüber zu gelangen. Seine gewaltigen Flügel ermöglichen ihm, in
kurzer Zeit auch einen Vogel einzuholen, der einen Vorsprung von
1 km hatte. Beobachtungen haben erwiesen, daß in der Zeit, da
eine Taube eine Entfernung von 200 m zurücklegt, der Wanderfalke eine Strecke von 600 m hinter sich bringt. Wenn er nun das

Wanderfalke (Fortsetzung)

Opfer mit einer Geschwindigkeit von fast hundert Stundenkilometern eingeholt hat, bremst er in entsprechender Entfernung über ihm ab, legt die Flügel an den Leib und fällt im Sturzflug in der Richtung der Beute. Er läßt sich ein kleines Stück tiefer fallen, wendet sich nach oben und schlägt ihr in dem Augenblick, da sie an ihm vorbeifliegt, die scharfen Krallen in den Leib. Beim Packen des Beutevogels spielt die außerordentlich lange Kralle der Hinterzehe die wichtigste Rolle. Sie dringt gewöhnlich tief in den Körper des Beutetieres. Kleinere Vögel trägt er mit Leichtigkeit in den Fängen davon, größere, wie Krähen und Enten, werden nur durchbohrt und zur Erde gestoßen.

Seine Nahrung sucht der Wanderfalke unter verschiedenen Vogelarten und auch unter dem Jagdwild, doch ist der angerichtete Schaden nur verschwindend. Von der gesamten Nahrung entfallen auf Wild nur 5 %.

Meist im April — im Norden auch im Mai bis Juni — legt das Weibchen auf den nackten Boden, seltener in ein altes Krähen- oder ein anderes Nest, 3 bis 4 braunrot und gelb gefleckte Eier, und beide Gatten bebrüten 28 bis 29 Tage lang abwechselnd das Gelege. Im Unterschied zu anderen Greifvögeln atzt auch der Terzel die Jungen. Den Horst verlassen sie nach 36 bis 40 Tagen. Die Jungfalken ziehen in südwestlicher Richtung in die Winterherbergen, die Altvögel verbleiben im Lande und treiben sich auch recht weit vom Brutgebiet umher.

Feldeggsfalke

Falco biarmicus feldeggi (SCHLEGEL)

Zu den typischen Jägern luftiger Höhen gehört auch der Feldeggsfalke. Sein hauptsächliches Verbreitungsgebiet liegt in Afrika, von wo aus es nach Süditalien, auf den Balkan, nach Kleinasien und Arabien herübergreift. Sein Biotop sind öde, felsige Karstgebiete, schluchtendurchfurchte Felsmassive und Hochebenen.

In dieser Umwelt gibt es für ihn reichlich Beute, die aus den in Felsspalten nistenden Dohlen, Felsentauben und anderen Vögeln besteht. Das Feldeggsfalkenpaar jagt seine Beute meist gemeinsam. Auf einem Felsenvorsprung sitzen beide Vögel auf der Lauer, ein anderes Mal wiederum nützen sie geschickt die Gliederung des Terrains, decken sich hinter einen Felsvorsprung und überraschen das Opfer durch einen unverhofften Angriff. Zum Unterschied vom Wanderfalken stoßen sie die Beute nicht zu Boden, sondern greifen sie unmittelbar in der Luft, um sie zum gewohnten Rupfplatz zu schaffen, dort zu bearbeiten und zu kröpfen.

In Wuchs und Größe erinnert der Feldeggsfalke an den Wanderfalken. Er ist 45 cm lang, wiegt 500 bis 900 g und seine Spannweite erreicht um die 105 cm. Beide Geschlechter sind farbengleich, der Terzel ist allerdings etwas kleiner. Die Oberseite ist schiefergrau mit rostfarbenen und grünen Bändern, gelblich der Nacken und feingefleckt die weiße Unterseite. Über die Horstgewohnheiten sind nur stückhafte Angaben bekannt. Der Horst wird auf Felsen gebaut. In den südlicher gelegenen Gebieten tauchen im Horst die 3 bis 4 braun marmorierten Eier bereits im Februar auf. Die Brutzeit dauert ungefähr 28 Tage, und die Jungen verlassen den Horst nach 5 bis 6 Wochen.

Würgfalke

Falco cherrug (GRAY)

Falkenartige
Falconidae

Der Würgfalke ist kein typischer Luftjäger, und deshalb gibt es in seiner Nahrung wesentlich mehr Säugetiere. Seine Jagdgewohnheiten sind verschiedenartig. Nicht allzu behende und gewandte Vögel überfällt er im Sturzflug, doch meist nutzt er die Gliederung des Terrains und die Überraschung seines Opfers aus, das durch plötzliche Seitenwendungen geschickt ergriffen wird, gleich ob es sich um einen Vogel oder einen Säuger handelt. Beim Manövrieren bedient er sich geschickt seines verhältnismäßig langen Stoßes, durch dessen Entfaltung der Flug gebremst oder gesteuert wird. In seinem Jagdrevier hat er eine Reihe von Plätzen, an denen er aufbaumt und wie auf einem Hochsitz auf Ziesel, Hasen, Murmeltiere und Rebhühner lauert, die dann im heftigen Kurzflug überrumpelt werden. Oft kreist er auch, gleich dem Bussard, und hält nach Beute Ausschau, oder er steht dabei rüttelnd an einer Stelle. Auf seine Kraft vertrauend — er mißt ungefähr 50 cm, wiegt 800 bis 1200 g und erreicht eine Flügelspannweite von 105 bis 120 cm — überfällt er auch größere Tiere, wie z. B. Enten, Zwergtrappen, Rohrweihen und Eulen.

Beide Geschlechter haben farbgleiche Federkleider. Die Rückenseite ist braun, die Unterseite weißlich mit brauner Fleckung, die niemals eine Sperberung bildet wie beim Wanderfalken. Der Würgfalke kommt in Südosteuropa, Mittelasien sowie in den südwestlichen Teilen Nordamerikas vor. Meist horstet er auf Bäumen, nur selten auf Felsen. Das Vollgelege umfaßt 4 bis 5 bräunlich gefleckte Eier, die 30 Tage lang bebrütet werden. Meist besorgt das Brutgeschäft nur das Weibchen. Die jungen Würgfalken werden nach 41 bis 45 Tagen flügge.

Eleonorenfalke

Falco eleonorae (GÉNÉ)

Falkenartige
Falconidae

Das Arterhaltungsstreben wird durch die verschiedenartigsten Anpassungen unterstützt. So muß z. B. die Zeit der Aufzucht und des Wachstums der Jungen in jene Zeit fallen, da es ausreichend Nahrung gibt. Ansonsten wäre der Nachwuchs und damit die ganze Artgemeinschaft bedroht. Deshalb beginnt die Mehrzahl der Vögel im Frühjahr zu nisten, damit die Jungen zu einer Zeit ausschlüpfen, in der genügend tierische und pflanzliche Nahrung vorhanden ist. Manche Vogelarten nisten jedoch zu einem weniger typischen Zeitpunkt.

Eine solche Anpassung der Horstzeit kann beim Eleonorenfalken beobachtet werden, der die Felseninseln und Steilküsten des Mittelmeeres bewohnt. Er horstet in den Felsen. Das Weibchen legt 2 bis 3 rotbraun gefleckte Eier, und das Brutgeschäft beginnt inmitten des Sommers, Ende Juli oder Anfang August, wenn die meisten Greifvögel bereits ihre Jungen erbrütet oder bereits ausgeführt haben. Der Eleonorenfalke wartet jedoch die Zeit ab, da es genügend Insekten gibt und die Küstenfelsen den ersten Zugvögeln als Rastplatz dienen, die in ihre Winterquartiere im Innern Afrikas fliegen.

Größenmäßig steht der Eleonorenfalke zwischen Baum- und Wanderfalken. Seine Spannweite beträgt 90 bis 100 cm, und er kommt in zwei Farbspielarten vor. Die dunklere ist überwiegend braunschwarz mit gelbem Augenstreifen, die hellere hat auf der Kehle einen weißlichen Fleck, und die Unterseite ist auf rostbraunem Grund dunkel gesperbert.

Baumfalke

Falco subbuteo (L.)

Falkenartige
Falconidae

Am Ende des Sommers herrscht im Ried der großen Teiche ein
ungewöhnlich reges Treiben. Von allen Seiten her kommen
allabendlich große Schwärme von Rauchschwalben, Staren und
anderen Vögeln gezogen und fallen in die Dickung ein, um hier die
Nacht zu verbringen. Das Schilf bietet ausgezeichneten Schutz.
Doch auch der Baumfalke kennt gut die Nachtquartiere der Vögel
und stattet ihnen regelmäßige Besuche ab, als ob sie seine
immervollen Vorratskammern wären. Wenn auch der erste
Angriff mißlingt, gibt er deshalb noch nicht auf. Er baumt in
nächster Nähe irgendwo auf und wartet geduldig. Sobald ein neuer
Schwarm von Quartiersuchern auftaucht, fliegt er ihm in heftigem
Ausfall entgegen und versucht einen Vogel vom Schwarm
abzuteilen. Das überraschte Opfer hat kaum Hoffnung auf
Rettung. Der Baumfalke ist ein äußerst gewandter und schneller
Flieger, der schon im Gleitflug eine Geschwindigkeit von etwa
150 km/h erreicht. Im ungestümen Ruderflug legt er mit
Leichtigkeit bis zu 4 km in der Minute zurück. Deshalb ist er in der
Lage auch so gewandte Flieger einzuholen wie Rauchschwalben
oder Mauersegler. Nicht selten jagt der Baumfalke auch größere
Insekten, Libellen, Käfer, geschickt greift er sie mit den Krallen und
gibt sie in den Schnabel.

Am Baumfalken läßt sich einleuchtend die sog. Formenkonvergenz veranschaulichen. Lebewesen, die zwar miteinander nicht
verwandt sind, jedoch in der gleichen Umwelt leben und sich auf
gleiche Weise ernähren, erlangen im Zuge einer langfristigen
Entwicklung eine gewisse Ähnlichkeit der Formen. So haben z. B.
die Wale die Form eines Fisches. Die Kolibris fliegen und gelangen
auf gleiche Weise zu ihrer Nahrung wie die Schwärmer,
Rauchschwalben, Mauersegler und Baumfalken jagen ihrer
Nahrung hautpsächlich in der Luft nach. Diese Spezialisierung

148

Baumfalke (Fortsetzung)

beeinflußte die Gestaltung ihres Flugapparates: eine perfekte Stromlinienform des Körpers und schmale, spitze Tragflächen. So erinnern z. B. die Formen der Düsenflugzeuge an die Silhouette der Baumfalken. Auch der Mensch läßt sich häufig durch die Formenkonvergenz inspirieren, wenngleich auch nur in seiner technischen Ausrüstung.

In Körperform und Farbgebung könnte der Baumfalke eine verkleinerte Ausgabe des Wanderfalken sein. Seine Spannweite erreicht bis 80 cm, die Oberseite ist schiefergrau, die helle Unterseite dunkel längsgefleckt. Von der Schnabelwurzel herab zieht sich der dunkle Bart, die Hosen haben einen rostfarbenen Anflug. Beide Geschlechter sind farbgleich, der Terzel ist jedoch etwas kleiner.

Der Baumfalke bewohnt ganz Europa mit Ausnahme des höchsten Nordens sowie die milderen Gebiete Asiens und Nordafrika. Seine Winterquartiere liegen in Südafrika und Südasien. Er kehrt im Mai zu seinen Brutstätten zurück und zieht im Oktober wieder fort. Als Aufenthaltsort wählt er das offene Land, wo Waldbestände mit Feldern und Wiesen abwechseln.

Der Baumfalke horstet auf Bäumen und nimmt meist Nester anderer Vögel in Beschlag. Das Gelege umfaßt 2 bis 4 Eier mit einer braunrot fleckigen Schale. Sie werden meist nur vom Weibchen bebrütet. Die Brutzeit dauert 28 Tage, und die Jungen werden nach 28 bis 32 Tagen flügge.

Merlin

Falco columbarius (L.)

Falkenartige
Falconidae

Im Mittelalter, zur Blütezeit der Falknerei, war das Weidwerk nicht nur den Männern vorbehalten, häufig nahmen an der Jagd auch die adeligen Damen teil. Hinsichtlich der Beize mit eigens dazu abgetragenen Vögeln bestanden allerdings gewisse Unterschiede. Während die kräftigeren Männer größere und schwerere Beizvögel auf der Faust trugen, Wander-, Gerfalken und wohl auch Adler, nahmen die zarten Damen lieber kleinere Vögel ans Geschüh, die nicht so sehr die Hand ermüdeten. Deshalb wurde für die „Frauenbeiz" am häufigsten der kleinste europäische Falke, der Merlin abgetragen. Trotz seiner geringen Größe — er wiegt 170 bis 200 g und erreicht eine Spannweite von 60 bis 70 cm — ließ er sich oft zum Angriff auf wesentlich größere Vögel anreizen — wie etwa auf Wildgänse. Schlagen konnte er sie zwar nicht, doch zwang er sie durch seinen tollkühnen Angriff, zur Erde zu gehen, wo sie dann leicht ein Opfer der Jäger wurden. Doch auch der freilebende Merlin erbeutet häufig im ungestümen Tiefflug Vögel von Amsel- und Pirolgröße.

Die Heimat des Merlins ist Nordeuropa, Asien und Amerika nördlich der USA. Die Südgrenze seines asiatischen Verbreitungsgebietes verläuft durch Südsibirien. Er bewohnt hauptsächlich Tundren und Waldtundren und kommt in Mittelasien bis hoch im Gebirge vor. In Mitteleuropa ist er hauptsächlich in den Herbstmonaten als Durchzügler von den nördlich gelegenen Horstplätzen zu den Winterquartieren in West- und Südeuropa, Nordafrika oder Südasien anzutreffen. Schon im März erscheint er an seinem Brutort und beginnt zu horsten.

Merlin (Fortsetzung)

Der Merlin ist in den meisten Fällen Bodenbrüter, und sein Horst befindet sich meistens auf Felsplatten oder an erhöhten Stellen, seltener auf Bäumen in einer Höhe von etwa 10 m. Mitunter horstet er auch in verlassenen Nestern anderer Vögel. Seine Bodenhorste sind recht unachtsam aus einigen Reisern und Kräutern gefügt, die in der Umgebung aufgelesen wurden.

Die weißlichen Eier sind dermaßen dicht mit schokoladebraunen Flecken besät, daß die Grundfarbe fast ganz verschwindet. Das erste Ei taucht irgendwann im Mai im Horst auf, und jeden zweiten Tag folgt dann ein weiteres. Wenn es 4 bis 5, manchmal auch 7 sind, beginnt das Weibchen mit dem Bebrüten, bei dem sie sich von Zeit zu Zeit vom Terzel ablösen läßt. Nach 28 bis 32 Tagen schlüpfen die Jungen aus und werden zunächst nur vom Weibchen gefüttert. Erst später nimmt an der Atzung auch der Terzel teil. Nach etwa 25 bis 27 Tagen werden die Jungen flügge, aus den Bodennestern kriechen sie wohl schon einige Tage früher.

Der Terzel ist oberseits schiefergrau mit einem rötlichen Farbfleck im Genick. Der graue Stoß wird durch eine breite schwarze Binde gesäumt. Die Unterseite ist rostfarben mit dichter Längssprenkelung. Weibchen und Jungvögel sind oberseits braun, ihr Stoß ist braun gebändert, die Unterseite des Körpers ist weißlich mit braunen Längsflecken.

Rotfußfalke

Falco vespertinus (L.)

Falkenartige
Falconidae

Die tiefverwurzelten Gemeinvorstellungen von der Grausamkeit der Greifvögel gegenüber anderen Wirbeltieren sind sehr leicht mit dem Hinweis auf die farbschönen Rotfußfalken zu widerlegen, die in ganzen Gruppen leicht und gewandt im Tiefflug dahinstreichen und mit ihren scharfen Krallen nach fliegenden großen Insekten jagen. Dieser kleine, in der Spannweite etwa 75 cm erreichende Falke nährt sich überwiegend von Insekten. Größere Happen bettelt er eher, nach Weihenart, dem Turmfalken ab.

Der Rotfußfalke ist auf der ungarischen Pußta zu Hause, bewohnt jedoch auch die Steppen-, Waldsteppen- und Kultursteppengebiete Osteuropas, Mittelsibiriens und Ostasiens mit ihren schütteren Baumbeständen. Gelegentlich horstet er auch in Österreich, in der Tschechoslowakei oder in Polen. Seine Ernährungsweise zwingt ihn, im September nach Ost- und Südafrika zu ziehen, wo es genügend Insekten gibt. In ihre Horstgebiete kehren die Rotfußfalken im April zurück.

Der Terzel ist schiefergrau, nur die Unterschwanzdecken und die Hosen sind kastanienbraun. Das Weibchen ist oberseitig blaugrau mit schwarzer Bänderung, dunklem „Bart", zimtfarbenem Kopf und rostfarbener Unterseite.

Der Rotfußfalke horstet auf Bäumen und benutzt meist Nester anderer Vögel. Häufig tritt er zu Kolonien bis zu 100 Paaren zusammen. Die Eier gleichen denen des Turmfalken, sind jedoch etwas kleiner. Nach 23 Bruttagen schlüpfen 3 bis 5 Junge aus, die nach etwa 4 Wochen den Horst verlassen.

Rötelfalke

Falco naumanni (FLEISCHER)

Falkenartige
Falconidae

In den nördlichen Teilen Europas ist die Bestimmung der turm-
falkenähnlichen Greifvögel eine recht einfache Angelegenheit,
denn hier ist meist nur der Turmfalke anzutreffen. In Spanien,
Italien, Österreich, am Balkan und in Südosteuropa sind jedoch
auch andere Falkenarten verbreitet, vor allem der Rötelfalke, der
ein wenig kleiner ist als der Turmfalke — er mißt etwa 30 cm und
seine Spannweite beträgt 65 cm —, ihm jedoch sonst recht
ähnlich sieht. Am Rücken des Terzels fehlen die schwarzen
Tropfenflecke und die Flügel sind mit einer graublauen Binde
geziert. Das Weibchen ist ähnlich gefärbt wie beim Turmfalken.
Außer Europa ist der Rötelfalke auch im nördlichsten Streifen
Afrikas beheimatet sowie in Mittelasien.

Der Rötelfalke hält sich am liebsten in trockenen steppen - und
waldsteppenartigen Gegenden auf, wobei er weder menschlichen
Ansiedlungen noch völligen Einöden ausweicht. Dort überall
kann man in Erdhängen, auf Felsen oder unmittelbar in den
Ortschaften ganze Horstkolonien der Rötelfalken beobachten.
Manchmal sind es nur einige, anderenorts wiederum an die
100 Paare, die da zusammenleben und alle innerhalb eines
verhältnismäßig kleinen Reviers ihr Auskommen finden. Ihre
Beutetiere sind vor allem Feld- und Laubheuschrecken, Käfer,
Schmetterlinge und andere fliegende Insekten. Auch kleine
Wirbeltiere werden gern aufgenommen.

Aus den afrikanischen Winterquartieren kehren sie im März
zurück. Im April bis Mai legt dann das Weibchen 3 bis 6 braun
marmorierte Eier, die es abwechselnd mit dem Terzel 28 bis
29 Tage lang bebrütet. Nach weiteren 30 Tagen verlassen die
Jungen den Horst, und Ende September begeben sich alle
gemeinsam auf den Zug in die Winterherberge.

Turmfalke

Falco tinnunculus (L.)

Falkenartige
Falconidae

Die zweite in Europa lebende Greifvogelgruppe mit charakteristischen Unterscheidungsmerkmalen sind die Falkenartigen. Sie sind durch den sog. Hornzahn, d. i. eine scharfe Kerbe im Oberkiefer kenntlich. Danach kann der falkenartige Greifvogel jedoch nur bestimmt werden, wenn man ihn in Händen hält. Zur Unterscheidung im Freien müssen die Art des Fluges, die Flügelform und die ganze Silhouette herangezogen werden.

Alle Falkenartigen haben lange, schmale und sichelförmig gebogene Flügel mit spitzen Enden. Es fehlt also die Fingerung, die für die Adler, Bussarde und Geier kennzeichnend ist.

Der häufigste Vertreter der falkenartigen Greifvögel ist der Turmfalke. Er ist überall in der Natur anzutreffen, besonders in Niederungen mit kleinen Feldwaldungen. Als Horst benützt er gern alte Krähen- oder Elsternester, in die im April oder Mai 4 bis 7 braun marmorierte Eier gelegt werden. Um diese Zeit macht sich der Terzel häufig durch sein „Kli-Kli-Kli-Kli" bemerkbar und umkreist den Horst im Hochzeitsfluge. Laufend kommt es vor, daß der Turmfalke auch auf Felsen, in verschiedenen Höhlungen, in Burgruinen oder auch auf Gebäuden inmitten der Stadt horstet. Sobald das Weibchen mit dem Brüten beginnt, versorgt sie der Terzel mit Nahrung. Die Jungen, die nach etwa 29 Tagen ausschlüpfen, atzt meist das Weibchen, seltener auch der Terzel. In der ersten Zeit nach dem Ausschlüpfen der Jungen obliegt die Versorgung der ganzen Familie allein dem Terzel. Das Weibchen verläßt den Horst fast überhaupt nicht und begibt sich auch nicht auf Jagd. Der Terzel muß deshalb nicht nur für sich, sondern auch für das Weibchen und die Jungen genügend Beute besorgen. Nach 28 bis 32 Tagen entfernen sich die Jungen vom Horst und unternehmen selbständige Flüge in die Umgebung.

Das Verbreitungsgebiet des Turmfalken erstreckt sich über

Turmfalke (Fortsetzung)

Europa, Asien, und Afrika und hat etwa 15 Rassen hervorgebracht. Einige Turmfalken verbleiben das ganze Jahr über in der Heimat, nur in ganz strengen Wintern ziehen sie in die Mittelmeerländer.

Auch mit bloßem Auge ist beim fliegenden Turmfalke der rostbraune Rücken zu unterscheiden, beim Terzel mit schwarzen Tropfenflecken, beim Weibchen mit Sperberung. Der verhältnismäßig lange Stoß ist beim Terzel ebenso grau wie der Kopf und trägt eine breite schwarze Endbinde. Der Stoß des Weibchens ist rostfarben, dicht gestreift. Die Unterseite des Körpers ist bei beiden Geschlechtern cremefarben mit Längsflecken.

Ein zuverlässiges Bestimmungsmerkmal des Turmfalken im Felde ist das Rütteln, bei dem er, gleich einem großen braunrostfarbenen Falter, an einer Stelle in der Luft hängt. Der gleichgroße Sperber tut es niemals. Der Turmfalke unterscheidet sich vom Sperber auch noch durch die längeren, am Ende scharf zugespitzten Flügel, die völlig ausgebreitet eine Spannweite von 75 cm erreichen.

Der rüttelnde Turmfalke ist gerade unterwegs auf Jagd. Sobald er ein Beutetier erspäht, bricht er das Rütteln ab, legt die Flügel an den Leib, und im Sturzflug geht es dem Boden zu. Erst knapp über der Erde breitet er die Flügel aus, bremst ab, stürzt aber dennoch jäh auf die überraschte Wühlmaus. Zum täglichen Sattwerden braucht der Turmfalke 3 Wühlmäuse. Er schlägt jedoch auch andere Wirbeltiere und größere Insekten. Wühlmäuse, Mäuse und Ziesel stellen bis zu 86 % seiner Nahrung dar.

EULEN

Zwergohreule

Otus scops (L.)

Eulen

Strigidae

Wenn man nebeneinander eine der größten Eulen — den Uhu, eine Eule der Mittelgröße — die Waldohreule, und eine Zwergohreule setzen würde, wäre man überrascht, wie ähnlich sie einander in Färbung und Gestalt sind. Nur mißt der Uhu ungefähr 60 cm, dagegen die Zwergohreule nur 19 cm. Und dennoch gehören diese, einander so sehr ähnlichen Eulen verschiedenen Gattungen an.

Die Zwergohreule kommt in Mitteleuropa nur als seltener Gast vor, in der Regel horstet sie in den wärmeren Gebieten Südeuropas, Nordafrikas und Kleinasiens. Von Osteuropa aus hat sie sich bis nach Westsibirien ausgebreitet. Sie ist ein Zugvogel und die einzige unserer Eulen, die sich am Herbstbeginn nach Mittelafrika begibt und erst wieder im März bis April in das Brutgebiet zurückkehrt.

An warmen Abenden und in sommerlichen Nächten erklingt in schütteren Wäldern das eintönige pfeifende „Klüh" der Zwergohreule, das sich in Zeitabständen von etwa zwei Sekunden immer regelmäßig wiederholt. Und wenn man etwas Glück hat, entdeckt man wohl auch ihre dunkle Silhouette. Bei Tage ist sie hingegen nur selten zu erblicken. Sie ist in Höhlungen oder im Gewirr der Zweige versteckt, und ihr graubraunes Federkleid stellt eine dermaßen perfekte Tarnung dar, daß man die baumende Zwergohreule für einen trockenen Aststumpf hält.

Das Weibchen verbirgt in einem hohlen Baum, in einer Felsspalte oder in einem alten Vogelnest 4 bis 6 Eier und bebrütet sie 24 bis 25 Tage ohne Zutun des Männchens. Die Jungen verlassen den Horst nach 28 Tagen und lernen, nach Art ihrer Eltern, kleine Insekten, Eidechsen oder Vögel fangen.

Steinkauz

Athene noctua (SCOPOLI)

Eulen
Strigidae

Auf den Steinkauz können wir in jeder offenen Landschaft mit schütteren Baumbeständen stoßen. Er hält sich in Parkanlagen, Gärten, auf Friedhöfen, in Alleen sowie in Feldwäldern auf. Zusammenhängende Waldgebiete meidet er. Sein Verbreitungsgebiet ist außerordentlich ausgedehnt und umfaßt Nordafrika, einen beträchtlichen Teil Europas und Asiens bis Nordchina, Turkestan, Nordindien und den nördlichen Irak.

Der Steinkauz ist ungefähr so groß wie eine Turteltaube, wiegt etwa 150 g und seine Spannweite beträgt 50 cm. Die braune Rückenseite ist mit weißen Flecken übersät, und umgekehrt befinden sich auf der hellen Unterseite dunkle Schaftstreifen. Die gelben Augen werden von den überhängenden „Brauen" fast verdeckt, der Schleier im Gesicht ist verhältnismäßig niedrig.

Den Steinkauz kann man auch bei Tage erblicken, hauptsächlich jedoch abends, wenn er sich auf Nahrungssuche begibt. Ansonsten pflegt er jedoch am Tage im Versteck der Zweige, in Mauernischen, hohlen Bäumen und an ähnlichen Stellen zu ruhen. Wenn ihn die kleinen Vögel ausfindig machen, heben sie ein Geschrei an, vertreiben und verfolgen ihn. Da begibt er sich in ruckartigem, schaukelndem Flug auf die Flucht und ist bemüht, den Verfolgern zu entrinnen. Wenn sich seinem Versteck z. B. ein Mensch nähert, beginnt er rasche Kniebeuge und Verneigungen zu machen. Diese sind nicht nur ein Anzeichen der Erregung, sondern der Steinkauz blendet dabei auch die nötige Sehschärfe ein, um die herannahende Gestalt besser zu sehen.

Der Steinkauz ist eine verhältnismäßig häufig vorkommende Eule, die sich fast in der Umgebung eines jeden Dorfes aufhält und die die Menschen schon an der Stimme nach erkennen. Sein flötendes „Kuit" oder „Kuwitt", das im Frühling oft vom Friedhof her erklingt, deuteten die Menschen als „Komm mit"

Steinkauz (Fortsetzung)

und glaubten, der Steinkauz ahne den Tod eines Kranken voraus. Doch seine Stimme hat die gleiche Bedeutung wie die der anderen Vögel. Anders klingt das häufig im Fluge ausgestoßene „Kef-Kef". doch er bringt auch sehr mißklingende Kreischlaute hervor. Trotz der geringen Größe des Steinkauzes ist die Nahrungszusammensetzung ähnlich wie bei den anderen Eulenarten. In seinem etwa 5 cm langen und 1 bis 1,5 cm dicken graufarbenen Gewölle findet man Überreste von Wühlmäusen, Mäusen, Spitzmäusen, Vögeln, Amphibien und Insekten. Von der Gesamtzahl der etwa 1800 Wirbeltiere machen die kleinen Nagetiere etwa 89 % der Nahrung aus.

Der Steinkauz baut keinen Horst. Die Eier werden in hohlen Bäumen verborgen, besonders bevorzugt sind Kopfweiden und alte Obstbäume,. Mauerluken, Starkästen und ausnahmsweise auch Kaninchenlöcher. Die mit „Gesang" begleitete Balz beginnt im März und dauert bis Mai. Im April und Mai ist das Weibchen schon mit dem Bebrüten der 4 bis 5 weißen Eier beschäftigt, das 26 bis 28 Tage in Anspruch nimmt. Die Jungen verlassen das Nest nach 4 bis 5 Wochen und werden während dieser Zeit von beiden Eltern geatzt. Der Steinkauz ist ein Standvogel, nur die jungen Vögel neigen zum Umherstreichen, und manchmal gelangen sie an einen verhältnismäßig entfernten Ort.

Rauhfußkauz

Aegolius funereus (L.)

In den tiefen Nadelwäldern Nordeuropas, Asiens und Nordamerikas, doch auch in bergigen Gegenden Mitteleuropas haust eine etwa 25 cm lange, auffallend dem Steinkauz ähnelnde Eule, deren Bezeichnung — Rauhfußkauz — von der dichten, bis zu den Krallen reichenden Befiederung ihrer Läufe hergeleitet ist. Ihr Federkleid erweckt einen ausgesprochen dunklen Eindruck, besonders bei jungen Vögeln. Am Nacken trägt der Rauhfußkauz ausdrucksvolle weiße Tropfenflecke, während der Steinkauz hier Strichflecken hat. Der Kopf des Rauhfußkauzes erscheint außerordentlich groß, was durch den als Schalltrichter funktionierenden kreisförmigen Schleier bewirkt wird. Bei der Jagd in finsterer Nacht orientiert sich der Rauhfußkauz hauptsächlich nach dem Gehör, und zur präzisen Ortsbestimmung der Beutetiere tragen sowohl der Schleier als auch die höchst feinen und asymmetrisch angebrachten Ohren bei.

Der Rauhfußkauz ist ein verhältnismäßig seltener Vogel, der in unwegsamen Gefilden ein recht heimliches Leben führt. Den Tag verbringt er im Versteck dichter Zweige baumend, und auf die Nahrungssuche begibt er sich erst in der Nacht. Im Frühling und mitunter auch im Herbst verrät er seine Anwesenheit durch ein dreisilbiges „Du-Du-Du", das an den Ruf des Wiedehopfs erinnert. Im Unterschied zum Steinkauz ist sein Flug nicht schaukelnd, sondern geradlinig.

Ein eigener Horst wird nicht gebaut. Der Rauhfußkauz nistet vor allem in hohlen Bäumen, am liebsten in alten Spechthöhlen. Im April bis Mai legt das Weibchen auf den bloßen Boden 4 bis 6 weiße Eier, die es selbst 25 bis 31 Tage lang bebrütet. Nach weiteren 30 Tagen elterlicher Fürsorge verlassen die Jungen die Höhle, werden jedoch von den Alten noch eine längere Zeit geatzt.

Uhu

Bubo bubo (L.)

Eulen

Strigidae

Der Uhu ist die größte der europäischen Eulen. Die Männchen wiegen 2 bis 3 kg, Weibchen 3 bis 3,5 kg. Die Flügelspannweite erreicht 160 bis 180 cm. Sein Federkleid zeigt die charakteristische Eulenfärbung. Auffallend sind die großen, feurig orangefarbenen Augen und die zwei verlängerten Federohren gleichenden Kopfbüschel.

Der Uhu ist ein einsam lebender Vogel, der sich abseits seiner Artgenossen hält. Diese Unverträglichkeit hat ausschließlich biologische Gründe. Der Uhu hat recht beachtliche Nahrungsansprüche, und eine größere Anzahl nebeneinander lebender Exemplare würde eine Nahrungskonkurrenz bedeuten. Deshalb kommt er in seinem, von Nordafrika über Europa (mit Ausnahme von England) bis nach Mittelasien und zum Fernen Osten reichenden Verbreitungsgebiet nur vereinzelt vor, und zwischen den einzelnen Brutpaaren gibt es gewaltige Entfernungen.

Er bewohnt vor allem Waldgebiete, doch müssen sich dort steile Felsen befinden, auf deren Terassen, Vorsprüngen oder in deren Spalten er seine Jungen aufzieht. Der Uhu kommt sowohl in niedrigeren Lagen als auch im Gebirge vor. Er horstet auch in hohlen Bäumen oder Burgruinen.

Auf die Jagd begibt er sich nur nachts und ergreift seine Beute auf dem Boden wie auch im Fluge. Er sieht und hört ausgezeichnet. Sein Jagdrevier umfaßt etwa 70 km². In diesem Umkreis ist vor seinem Angriff fast kein Geschöpf sicher. Analysen des 10 bis 14 cm langen und 3 bis 4 cm dicken Gewölles haben gezeigt, daß der Uhu alles schlägt, von der Größe einer Wühlmaus oder eines Zaunkönigs bis zu Hasen, Kitzen, Reihern, Auerhähnen und Habichten. Auch mittelgroße Greifvögel und Eulen gehören zu seinen Opfern. In der Uhunahrung sind zum Beispiel auch Dachse, Füchse, Katzen, Igel, Enten, Bussarde und Falken

Uhu (Fortsetzung)

vertreten, wobei das allerdings nur eine gedrängte Übersicht der Beutetiere dieses Vogels ist.

Der Uhu wird von allen Tagvögeln gehaßt und wütend verfolgt. Allerdings nur bei Tage. Diese Tatsache machen sich die Jäger zunutze und erlegen mit Hilfe eines gezähmten Uhus Krähen, Elstern und andere Vögel von der sog. Aufhütte. Der Uhu wird zu diesem Zweck an einer geeigner Stelle des Reviers auf der sog. Jule mit dem Teller gesetzt, an dem er mit Lang- und Kurzfesseln angekettet ist. Der Jäger ist in der nahen Aufhütte versteckt. Sobald die Vögel den Uhu bemerken, erheben sie ein lautes Warngeschrei und beginnen, alle Besonnenheit vergessend, auf ihn einzudringen, so daß sie der Jäger aus seinem Versteck bequem abschießen kann. Der Hüttenjagd fallen allerdings auch seltene und geschonte Greifvögel zum Opfer, und deshalb ist die Jagd mit einem Uhu als Lockvogel bereits in zahlreichen Ländern verboten.

Die angenehme, etwa wie „Bu-hu" klingende Stimme des Uhus ist meist in der Balzzeit zu hören. Schon im Dezember und Januar kommen die Paare zu ihren jahrelang benutzten Horstplätzen geflogen. Ende März und im April legt das Weibchen, fast auf die bloße Unterlage, 2 bis 4 weiße Eier. Nach 35 Tagen schlüpfen die hellen Dunenjungen aus. Die Atzung tragen beide Eltern herbei, und erst nach weiteren 7 Wochen sind die Jungen so weit erwachsen, daß sie den Horst verlassen können, wenngleich sie das Fliegen erst noch erlernen müssen.

Schnee-Eule

Nyctea scandiaca (L.)

Die Greifvögel und vor allem die Eulen haben einen Anteil an der Reduktion der Wühlmäuse- und Mäusebestände, da die Kleinsäuger ihre Hauptnahrung darstellen. Und andererseits beeinflussen z. B. die Lemminge, die maulwurfgroßen Nagetiere der nordischen Tundren, die Bestände der Schnee-Eulen, die in Wuchs und Kraft kaum dem Uhu nachstehen.

Das weiße Federkleid ist nur spärlich mit schwarzen Flecken übersät, manche Eulen sind fast ganz weiß. Die Schnee-Eule kommt auf einem schmalen Küstenstreifen Nordeuropas, Asiens und Amerikas sowie auf den Inseln des nördlichen Eismeeres vor. Mitunter werden Schnee-Eulen als Irrgäste nach Mittel- und Südeuropa verschlagen.

Im April bis Juni legt das Weibchen in den zu ebener Erde errichteten Horst 4 bis 6 weiße Eier. Bei der etwa alle vier Jahre eintretenden Übervermehrung der Lemminge paßt sich die Schnee-Eule zügig dem Nahrungsüberschuß an und legt dann wohl auch bis zu 12 Eiern. Wenn es wenig Lemminge gibt, umfaßt das Gelege eine kleinere Anzahl Eier, oder es wird vom Nisten überhaupt abgesehen. Eine ähnliche Abhängigkeit des Nistens vom Nahrungsangebot ist auch vom Mäusebussard bekannt.

Das Weibchen beginnt mit dem Bebrüten unverzüglich, nachdem das erste Ei gelegt ist. Das erste Junge schlüpft nach etwa 34 Tagen aus. Da die Eier in Zwischenräumen von 2 Tagen gelegt werden, kann der Altersunterschied der Jungen im Horst mit 10 Eiern bis zu 20 Tagen betragen. Die Aufzucht der Jungen ist lang, sie dauert 50 bis 60 Tage. Eine erwachsene Schnee-Eule braucht täglich 1 bis 4 Lemminge. Eine Familie vertilgt binnen 2 Monaten mindestens 1500 Lemminge.

Bartkauz

Strix nebulosa (J. R. FORSTER)

Die Eulen, besonders die größeren Arten, erwecken den Eindruck gewaltiger, kräftiger und schwerer Vögel. Dazu trägt auch noch der große runde Kopf bei. In Wirklichkeit wird dieser Eindruck jedoch nur durch das feine, lange und dichte Federkleid der Eulen hervorgerufen. So ist es auch beim Bartkauz, der die Nadelwälder und Tundren der nördlichen Gebiete Europas, Asiens und Nordamerikas bewohnt. Diese Eule entspricht größenmäßig etwa dem Uhu. Sie mißt ungefähr 70 cm und ihre Spannweite beträgt 130 bis 140 cm. Wenn man jedoch das Gewicht des Bartkauzes mit dem des etwa gleichgroßen Schelladlers vergleicht, ergibt sich ein ganz markanter Unterschied. Das Bartkauzmännchen wiegt um die 750 g, das Weibchen 1000 bis 1200 g, während das Gewicht des Schelladlers dem Zwei- bis Dreifachen entspricht.

Die Färbung des Bartkauzes erinnert an eine bemooste, flechtenüberwachsene Baumrinde. Die Oberseite ist braun, grau und weißlich marmoriert, auf der weißlichen Unterseite sind bräunliche Schaftflecken. Die ungewöhnlich kleinen, gelben Augen umgibt ein heller, mit einigen dunklen zentrischen Ringen gezierter Schleier. Unterhalb des Schnabels ist der charakteristische schwarze „Bart".

Der Bartkauz ist ein Standvogel, der nur bei Nahrungsmangel nach Südskandinavien und ausnahmsweise auch nach Mitteleuropa geflogen kommt. Zur Aufzucht der Jungen benutzt er alte Nester anderer Vögel, gelegentlich horstet er auch am Boden. Im April werden 4 bis 5 Eier gelegt. Die Nahrung des Bartkauzes besteht vornehmlich aus kleinen Säugetieren, vor allem Wühlmäusen, Spitzmäusen und Lemmingen, er schlägt jedoch auch kleine und mittelgroße Vögel.

Habichtskauz

Eulen
Strigidae

Strix uralensis (PALLAS)

Der Habichtskauz lebt im Norden Europas und in den Waldgebieten Sibiriens, bis nach Sachalin und Japan. Inselhaft kommt er in den Alpen, Karpaten, Balkangebirgen sowie im Böhmerwald vor. Deshalb trifft ihn der Mitteleuropäer in der Regel doch häufiger an als den Bartkauz.

Der Habichtskauz mißt ungefähr 60 cm und sieht dem Waldkauz ähnlich. Die grauweiße oder gelbliche Grundfarbe des Federkleides zieren braune Schaftflecken. Ähnlich wie der Waldkauz hat auch der Habichtskauz schwarzbraune Augen und auch bei ihm kommt oftmals eine graue oder braune Farbphase vor. Im Fluge erreicht er eine Spannweite von 120 cm, wobei gut der dunkel gebänderte, verhältnismäßig lange Stoß zu sehen ist.

Seine Jagdgewohnheiten unterscheiden sich in keiner Weise von denen der anderen nordischen Eulen. Auf Jagd begibt er sich vorwiegend bei einbrechender Nacht, laufend jagt er auch bei Tage. Seine Nahrung besteht zum überwiegenden Teil aus Kleinsäugern, vor allem Nagetieren. Zur Zeit des Mäusemangels kann es jedoch auch vorkommen, daß er einen Junghasen oder einen Vogel von Fasan- und Birkhahngröße schlägt.

Der Habichtskauz hält sich in den verschiedenartigsten Wäldern auf und horstet entweder in geräumigen Höhlungen oder in verlassenen Greifvogelhorsten. Im März bis April legt das Weibchen 3 bis 4 Eier und beginnt mit dem Bebrüten sofort nach dem ersten Ei. Nach 27 bis 29 Tagen schlüpfen die Jungen aus, die noch weitere 5 Wochen der elterlichen Pflege bedürfen.

Waldohreule

Asio otus (L.)

Eulen
Strigidae

Die Waldohreule ist 34 bis 36 cm lang, und ihr Federkleid ähnelt dem des Uhus. Die dunkelbraunen, verschmierten Flecken auf rostgelbem Untergrund bewirken, daß die baumende Waldohreule wie ein trockener, rindenzerfurchter Aststumpf aussieht. Diesen Eindruck verstärken die beiden „Ohren", die jedoch nichts anderes sind, als etwas längere Federn. Die Tarnungsform und -färbung betont die Waldohreule bei drohender Gefahr, indem sie den ganzen Körper streckt und die Federn an den Leib preßt. Die Iris der großen Augen ist orangefarben oder orangegelb.

Die Waldohreule horstet in fast ganz Europa, in Mittelsibirien, in Nordafrika und in Nordamerika. Sie ist ein Waldvogel, der keine besonderen Ansprüche an den Charakter des Waldes stellt. Tagsüber ist sie im dichten Astgestrüpp versteckt, und ihren Ruheplatz verraten nur die zahlreichen umherliegenden Gewölle. Diese sind 4 bis 7,5 cm lange und 2 bis 3 cm dicke walzenförmige, graue Gebilde und haben eine wesentlich regelmäßigere Form als beim Waldkauz. Ihr Inhalt verrät, welche Nahrung die Waldohreule bevorzugt. Täglich verbraucht sie bis zu 6 Kleinsäuger, und es kann vorausgesetzt werden, daß sie im Jahr an die 2000 Wühlmäuse, Mäuse und andere kleine Wirbeltiere vertilgt. So umfassend ist der Nahrungsbedarf einer einzigen Waldohreule. Die ganze Familie braucht täglich 18 bis 20 Kleinsäuger, was bei einem niedrigen Nagetierbestand 0,5 bis 1 % der auf die 5 km² entfallenden Kleinsäugerpopulation ausmacht, die das Revier der Waldohreule beherbergt. Gewöllanalysen haben erwiesen, daß Wühlmäuse und Mäuse 90 bis 95 % der Waldohreulennahrung bilden.

Die Nahrungsmenge beeinflußt in markanter Weise die saisonbedingten Ortsveränderungen der Waldohreulen. Bei einer ausreichenden Nahrungsmenge bleiben sie am Ort, während sie

Waldohreule (Fortsetzung)

der Wühlmäusemangel zu Streifzügen und Wanderungen zwingt, die meist in südwestlicher Richtung erfolgen. Zu derartigen Zügen schließen sie sich in der Regel in größeren Scharen zusammen.

Die Stimme der Waldohreule erklingt im Frühling, zur Balzzeit. Es ist ein langgezoges mehrmals wiederholtes „Huh" oder ein dröhnendes „Wumb-Wumb". Die Balz wird von einem wiegenden Hochzeitstanz begleitet, bei dem das Mänchen mitunter so heftig mit den Flügeln schlägt, daß diese unterhalb des Körpers laut aneinanderklatschen.

Horste baut die Waldohreule nicht, sondern besetzt verlassene Krähen- und Elsternester oder auch Eichhornkobel. Die ersten Gelege tauchen bereits im März auf, häufiger jedoch erst im April oder Mai. Sie umfassen 4 bis 6 Eier, und das Weibchen beginnt mit dem Bebrüten unverzüglich, nachdem das erste Ei gelegt ist. Das Brüten besorgt das Weibchen selbst, das Männchen schafft jedoch die ganze Nahrung herbei, ebenso wie später, nachdem die Jungen, die das Weibchen einige Tage lang überhaupt nicht verläßt, ausgeschlüpft sind. Die Jungen schlüpfen nach 27 bis 28 Tagen aus und sind von Waldkauz und Schleiereule durch die orangefarbenen Augen und später durch die wachsenden „Ohren" zu unterscheiden. Den Horst verlassen sie nach 24 bis 26 Tagen.

Sumpfohreule

Asio flammeus (PONTOPPIDAN)

Eulen
Strigidae

Bei den Herbstjagden geschieht es mitunter, daß sich vor der Schützenkette aus dem Kartoffelfeld oder vom Kahlschlag hellfarbige Vögel erheben und im langsamen, schaukelnden weihenartigen Flug herumflattern. Bisweilen bedienen sie sich auch des Gleitfluges, und der Beobachter vermag ihre Flügelspannweite auf etwa 1 m abzuschätzen. Die Jäger sind über den geräuschlosen Flug und die manchmal nach Dutzenden zählende Menge der Vögel erstaunt. Dieses unverhoffte Zusammentreffen bezahlen meist einige aus der Schar mit dem Leben, und erst später zeigt es sich, daß es sich um Sumpfohreulen gehandelt hat, die sich auf einem Streifzug nach reichlicheren Jagdgründen befanden.

Sie werden oft mit den Waldohreulen verwechselt, denn sie haben ein recht ähnliches Federkleid. Die Sumpfohreule ist um etwa 4 cm länger, doch ihre „Ohren" sind nur ganz unscheinbar. Von der Waldohreule unterscheidet sie sich auch durch die gelbe Iris und die Schaftflecken an der Bauchseite, der die Sperberung fehlt.

Der Biotop der Sumpfohreule sind die Sumpf- und Steppengebiete sowie die Tundren in fast ganz Europa, Nordasien, Nord- und Südafrika, Nordamerika sowie im mittleren Südamerika. Im Unterschied zu anderen Eulenarten baut sie einen eigenen Horst, und zwar zu ebener Erde im Schilf, Gras oder in Feldkulturen. Die Sumpfohreule jagt Kleinsäuger, hauptsächlich bei Tage, und auch ihre Balz erfolgt bei vollem Tageslicht. Das Weibchen legt im April bis Mai 4 bis 7 Eier und bebrütet sie selbst ohne Zutun des Männchens 27 bis 28 Tage lang. Nach 17 Tagen elterlicher Pflege verlassen die Jungen den Horst, vermögen jedoch erst nach 4 Wochen selbst zu fliegen.

Waldkauz

Strix aluco (L.)

Der Waldkauz ist die häufigste der europäischen Eulen. Überall im Bergland sowie in der Ebene bewohnt er Parkanlagen, Haine, Gärten, Nadel- und Laubwälder und hält sich mitunter auch in den Dörfern auf. Er ist, mit Ausnahme der nördlichen Gebiete, in fast ganz Europa sowie in Nordwestafrika und in einigen Gegenden Asiens verbreitet.

Der Waldkauz ist sofort an den dunklen Augen zu erkennen. Alle anderen Eulen, mit Ausnahme des Habichtskauzes und der, durch den auffallenden herzförmigen Schleier unverkennbaren Schleiereule, haben eine gelbe oder orangefarbene Iris. Der Waldkauz kommt in zwei Farbspielarten vor. Bei der einen überwiegt Braun, bei der anderen Grau. Es ist interessant, daß auch Junge aus einem Gelege unterschiedlich gefärbt sein können. Das einfache grauweiße oder braunweiße, rindenartige Federkleid gewährleistet eine ausgezeichnete Tarnung in den Zweigen der Bäume, wo der Waldkauz tagsüber ruht.

Der Waldkauz ist ein Standvogel. Mit den Vorbereitungen zum Nisten beginnt er bereits im Februar. Man kann schon in dieser Zeit seine Stimme vernehmen. Das Weibchen läßt ein klares „Kuwitt" hören, ähnlich der Stimme des Steinkauzes, während das Männchen ein langgezogenes, heulendes „Huuhu-Hu-Huuuuh" von sich gibt.

Der Waldkauz nistet in den verschiedensten Höhlungen, hauptsächlich in hohlen Bäumen. Er besetzt auch große Starkästen und zieht zur Not zu ebener Erde ein. In die Mulde der Höhlung legt das Weibchen seine weißen Eier. Das Vollgelege umfaßt 3 bis 4, manchmal jedoch auch 6 bis 7 Eier und wird bereits im März beendet. Das Brutgeschäft wird vom Weibchen allein, ohne Beteiligung des Männchens besorgt und mit dem Bebrüten wird bereits nach dem Legen des ersten oder zweiten Eies

Waldkauz (Fortsetzung)

begonnen, was ein ungleichmäßiges Ausschlüpfen der Jungen zur Folge hat. Das Waldkauzweibchen brütet sehr fest und verläßt das Gelege nur für wenige Augenblicke. Nach 28 Tagen schlüpfen die mit weißem Flaum bedeckten Dunenjungen aus. Ganze zehn Tage lang verläßt sie das Weibchen auch für einen Augenblick nicht und atzt sie mit der vom Männchen herbeigeschafften Nahrung. Während dieser Zeit trägt das Weibchen auch Sorge für die Sauberkeit der Höhle, indem sie Geschmeiß und Gevölle der Jungen hinunterschluckt.

Beim Atzen wird die Nahrung in kleine Stücke gerissen, und diese werden den Jungen zugereicht. Dabei sind die Augen geschlossen und die Orientierung erfolgt ausschließlich nach den Taststoppeln an der Schnabelwurzel. Das gleiche Verhalten beim Kröpfen der Beute kann auch bei erwachsenen Eulen beobachtet werden. Sie schließen die Augen und beginnen die in den Zehen gehaltene Beute mit dem Schnabel sowie mit dem Bart abzutasten und dann erst, vom Kopf an, zu kröpfen. Der Grund dafür ist wohl in der Tatsache zu suchen, daß sie als weitsichtige Vögel die Sehschärfe nicht auf so kleine Entfernungen einstellen können. Die Jungen verlassen das Nest nach 28 bis 36 Tagen, doch dauert es noch lange, bevor sie selbständig zu fliegen und zu jagen vermögen.

Das Gevölle des Waldkauzes ist 4 bis 6 cm lang und 2 bis 3 cm dick, grau gefärbt und hat eine recht unregelmäßige Form. Es verrät, daß die Nahrung des Waldkauzes zu etwa 70% aus Nagetieren besteht, während auf Vögel 14% auf Amphibien 11% und etwa 5% auf Insekten entfallen. Zum täglichen Sattwerden braucht der Waldkauz etwa soviel Nahrung wie dem Gewicht von 3 Wühlmäusen entspricht. In manchen Jahren bilden jedoch Wühlmäuse und Mäuse mehr als 90% der Beute des Waldkauzes.

Schleiereule

Tyto alba (SCOPOLI)

Zahlreiche Ammenmärchen von Gespenstern sind wohl dadurch entstanden, daß der Mensch für verschiedene Stimmen, Laute und Erscheinungen, die besonders in der Nacht zu verzeichnen waren, keine rechte Erklärung finden konnte. Nur erfahrene Kenner der Natur wußten, daß der Feuermann nichts anderes war als ein modernder und fluoreszierender Baumstock und die heulenden Rufe des Necken von der Rohrdommel herrührten, die im Ried nistete. Sie ließen sich auch nicht durch das Kreischen und Röcheln beunruhigen, das da grauenerregend durch die Nacht klang, denn sie wußten Bescheid: es war die Brautwerbung der Schleiereule.

Diese ist wohl die schönste unserer Eulen. Sie ist ungefähr 34 cm lang — wie etwa die Ringeltaube — und läßt sich von allen anderen Eulen sofort durch den herzförmigen Federschleier um das Gesicht unterscheiden. Die Unterseite ist hell cremefarben oder rostbraun, mitunter auch rein weiß, und der Schleier hat stets die gleiche Farbe wie die Unterseite, an der sich niemals dunkle Längsflecke finden, sondern nur vereinzelte dunklere Tropfenflecken. Die Rückenpartien sind rostgelb und grau gewellt. Die verhältnismäßig langen Fänge, die beim Sitzen an den Buchstaben X erinnern, sind bis zu den Krallen hin kurz befiedert.

In 33 verschiedenen Rassen bewohnt die Schleiereule ganz Europa, große Teile Asiens, Indonesien, Australien, Südamerika und zum Teil auch Nordamerika. Ursprünglich war sie ein Bewohner felsiger Gegenden und baute hier ihre Horste in Felsspalten. Ähnliche Bedingungen bot ihr jedoch auch der Mensch in seinen Siedlungen, und so zog sie als Kulturfolger in Dörfer und Städte und erwählte Dachböden, Kirchtürme, Schlösser, Burgen, Scheunen und Heustadel zu Horstplätzen. Auch findet sie hier, in der Nähe der menschlichen Behausungen,

Schleiereule (Fortsetzung)

mehr Mäuse, Wühlmäuse und Kleinvögel. Der Nutzen der Schleiereule für den Menschen ist gerade deshalb so außerordentlich, weil sie inmitten der Wohnorte schädliche Nager jagt. Diese machen 70 % ihrer Nahrung aus. Um satt zu werden, braucht sie täglich 3 bis 4 Mäuse. Sie fängt auch zahlreiche Sperlinge, die sie im stillen Flug auf Dach- und Kornböden schlägt. Das Gewölle der Schleiereule ist 3,5 bis 8 cm lang, etwa 3 cm dick, verhältnismäßig groß mit glatter Oberfläche und abgerundeten Enden. Es ist fast schwarz, wie von einem dünnen Asphaltfilm überzogen.

Interessant ist das Nisten und die Anpassung an das Nahrungsangebot. In der Regel horstet sie einmal jährlich irgendwo unter den Dachbalken der Häuser. Im April oder Mai legt das Weibchen 3 bis 6 weiße Eier — manchmal auch mehr — die dann von ihm selbst 30 bis 34 Tage bebrütet werden. Die Jungen sind nach etwa 50 bis 60 Tagen elterlicher Pflege flügge. Wenn jedoch ausreichend Nahrung vorhanden ist, legt die Schleiereule auch mehr Eier oder nistet auch ein zweites Mal, sogar im Herbst. Bei Nahrungsmangel hingegen nistet sie in der Regel überhaupt nicht.

Sperbereule

Surnia ulula (L.)

Aus den Wäldern des Nordens kommt manchmal die waldkauzgroße Sperbereule als seltener Gast nach Mitteleuropa. Das fast weiße Gesicht dieser Eule wird von einem schwarzen Band umrahmt. Aus dieser ausdrucksvollen Maske blicken zwei gelbe, an den Sperber erinnernde Augen. Die Oberseite des Körpers ist schwarzbraun mit weißer Bänderung, während die Unterseite die auch für den Sperber charakteristische Wellung zeigt. Den Eindruck eines Greifvogels verstärken noch die spitzigen Flügel und der verhältnismäßig lange abgerundete Stoß. Auf die Nahrungssuche begibt sich die Sperbereule meist am Tage und rüttelt dabei häufig nach Turmfalkenart. Greifvogelähnlich ist schließlich auch die Haltung beim Sitzen: vorgebeugt und nicht aufrecht wie die der anderen Eulen.

Die Hauptnahrung der Sperbereule sind kleine Nagetiere, die in ihrem Verbreitungsgebiet in den nördlichen Teilen Europas, Asiens und Nordamerikas vorkommen. Im Unterschied zur Schnee-Eule ist sie jedoch vornehmlich von verschiedenen Wühlmäusen und Mäusen abhängig, die auch etwa 95 % ihrer Nahrung ausmachen, während sie Lemminge nur selten schlägt. Ihre Gewandtheit und Manövrierungsfähigkeit ermöglichen ihr, auch fliegende Vögel zu jagen.

In einer seichten Bodenmulde baut die Sperbereule einen kunstlosen Horst und legt darin im April bis Juni in der Regel 3 bis 4 Eier. Bei Nahrungsüberschuß umfaßt das Gelege auch bis zu 13 Eier. Da mit dem Bebrüten sofort nach der Ablage des ersten Eies begonnen wird, bestehen im Wuchs der ausgeschlüpften Jungen beträchtliche Unterschiede. Brut- und Aufzuchtdauer sind nicht genau bekannt.

1 Kuttengeier, *Aegypius monachus*

2 Gänsegeier, *Gyps fulvus*

3 Bartgeier, *Gypaëtus barbatus*

4 Aasgeier, *Neophron percnopterus*

5 Fischadler, *Pandion haliaëtus*

6 Seeadler, *Haliaeëtus albicilla*

7 Bindenseeadler, *Haliaeëtus leucoryphus*

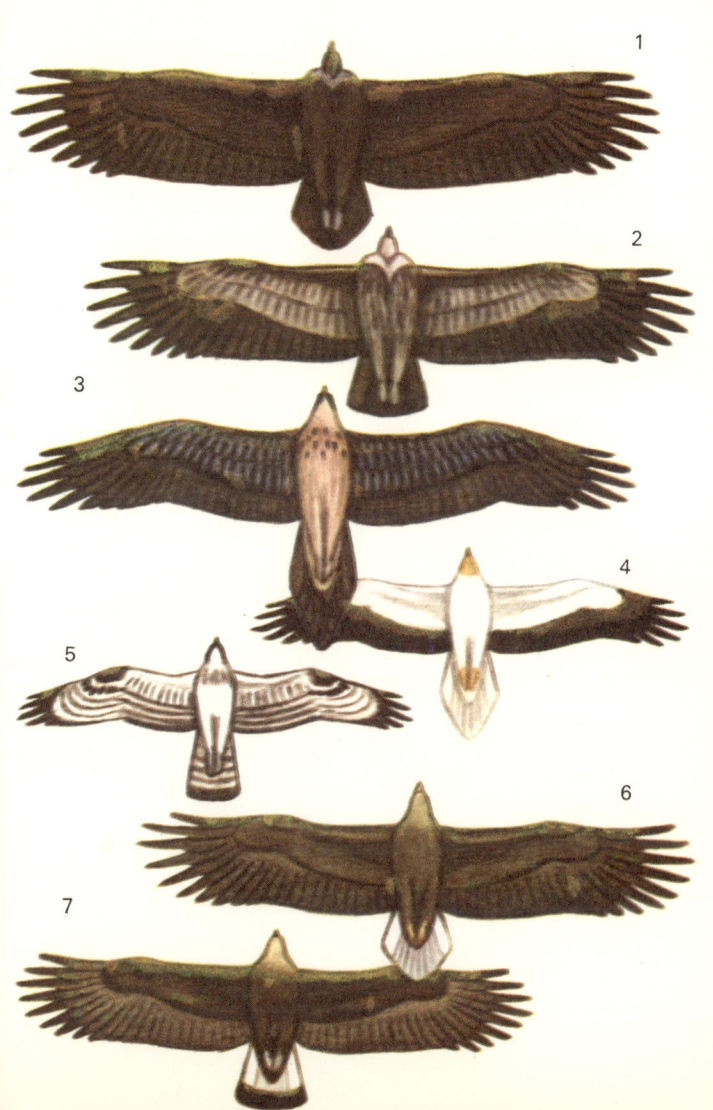

1 Steinadler, *Aquila chrysaëtos*

2 Schreiadler, *Aquila pomarina*

3 Kaiseradler, *Aquila heliaca*

4 Schelladler, *Aquila clanga*

5 Steppenadler, *Aquila rapax*

6 Zwergadler, *Hieraaëtus pennatus*

7 Habichtsadler, *Hieraaëtus fasciatus*

8 Schlangenadler, *Circaëtus gallicus*

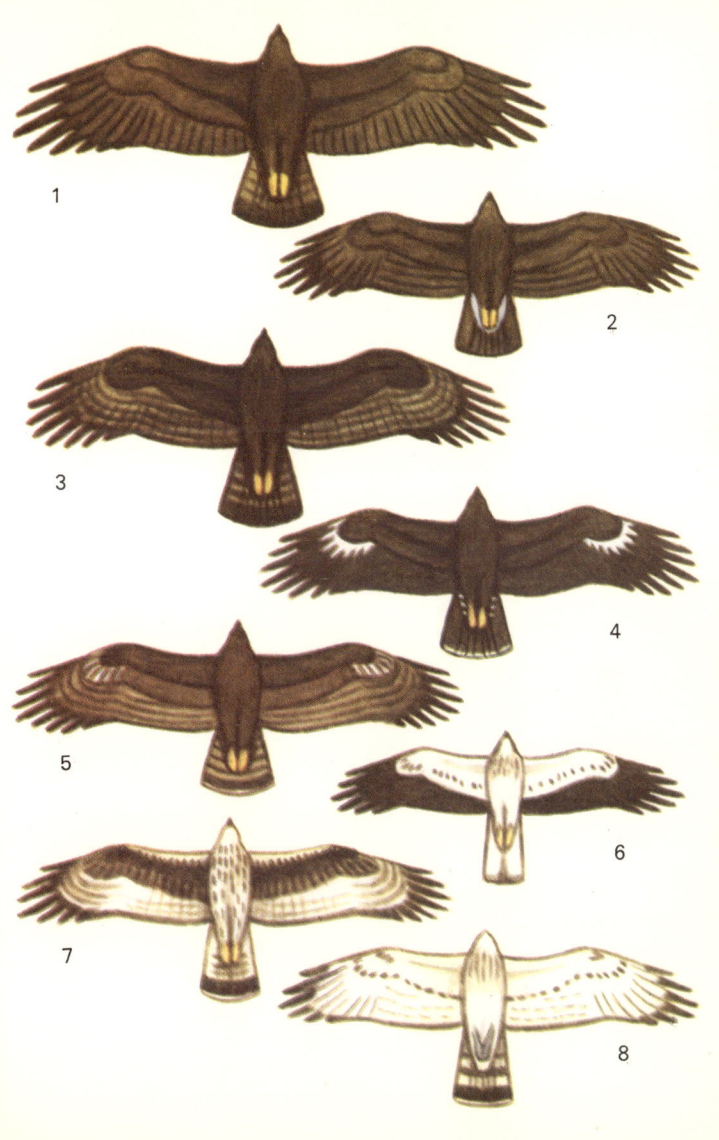

1 Mäusebussard, *Buteo buteo*

2 Falkenbussard, *Buteo buteo vulpinus*

3 Rauhfußbussard, *Buteo lagopus*

4 Adlerbussard, *Buteo rufinus*

9 Wespenbussard, *Pernis apivorus*

6 Habicht, *Accipiter gentilis*

7 Sperber, *Accipiter nisus* (Männchen)

8 Kurzfangsperber, *Accipiter brevipes* (Männchen)

9 Schwarzmilan, *Milvus migrans*

10 Schwalbenweihe, *Elanoides forficatus*

11 Rotmilan, *Milvus milvus*

12 Gleitaar, *Elanus caeruleus*

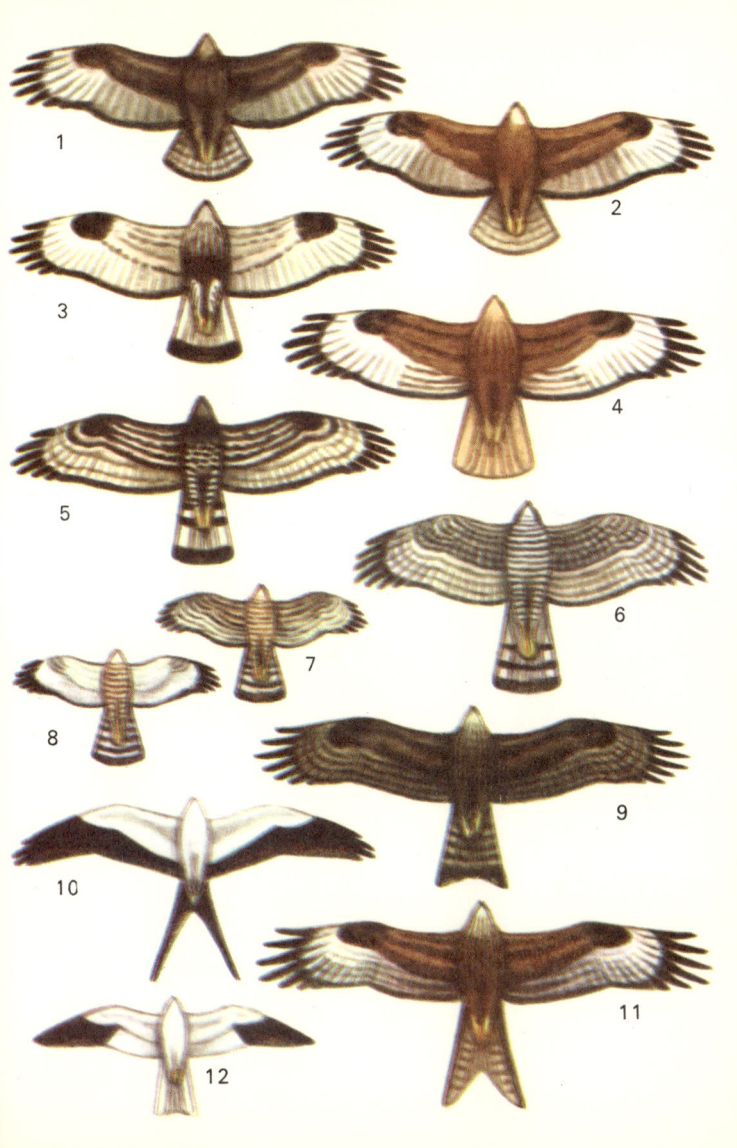

1   Rohrweihe, *Circus aeruginosus* (Männchen)

2   Wiesenweihe, *Circus pygargus* (Männchen)

3   Wiesenweihe, *Circus pygargus* (Junges)

4   Kornweihe, *Circus cyaneus* (Männchen)

5   Steppenweihe, *Circus macrourus* (Männchen)

6   Trumfalke, *Falco tinnunculus* (Mänchen)

7   Rötelfalke, *Falco naumanni* (Männchen)

8   Baumfalke, *Falco subbuteo*

9   Rotfußfalke, *Falco vespertinus* (Männchen)

10 Merlin, *Falco columbarius* (Männchen)

11 Eleonorenfalke, *Falco eleonorae* (helle Form)

12 Jagdfalke, *Falco rusticolus rusticolus*

13 Grönlandfalke, *Falco rusticolus candicans*

14 Wanderfalke, *Falco peregrinus*

15 Würgfalke, *Falco cherrug*

16 Feldeggsfalke, *Falco biarmicus feldeggi*

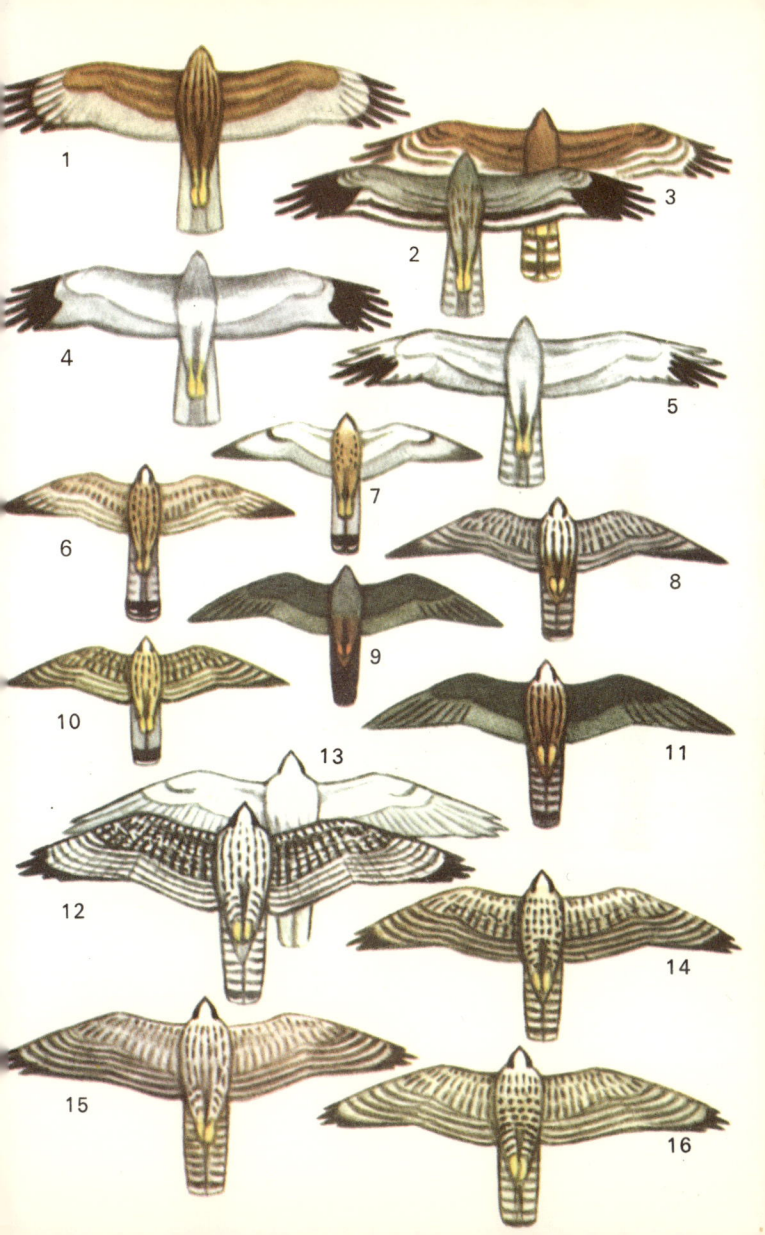

LITERATURNACHWEIS

1. Bäuerle, F.: **Raubvögel im Fluge.** Radebeul-Berlin 1951
2. Brown, L., Amadon, D.: **Eagles, Hawks and Falcons of the World, 1.—2.** Feltham, Middlesex 1968
3. Brunn, B., Singer, A. König, C.: **Der Kosmos — Vogelführer.** Stuttgart 1971
4. Greutz, G.: **Raub- und Rabenvögel.** Jena 1952
5. Dementeu, G. P.: **Die Vögel der Sowjetunion I.** Moskau 1951
6. Drechsler, H.: **Uhu — Dämmerung.** Radebeul-Berlin
7. Gilliard, T. Steinbacher, G.: **Das Tierbuch in Farben — Vögel.** Berlin-Darmstadt-Wien 1959
8. Glutz, U., Bauer, K., Bezzel, E.: **Handbuch der Vögel Mitteleuropas,** 4. Frankfurt am Main 1971
9. Hanzák, J.: **Vogelnester und Vogeleier.** Prag 1972
10. Hanzák, J., Bouchner, M., Hudec, K.: **Die Tierwelt II. — Vögel 1—2. (Světem zvířat II.** Ptáci 1—2) (tsch.) Prag 1963
11. Jirsík, J.: **Unsere Raubvögel (Naši dravci).** Prag 1941 (tschechisch)
12. Jirsík, J.: **Unsere Eulen (Naše sovy).** Prag 1949 (tsch).
13. Kankel, J.: **Wo die Raubvögel horsten.** Radebeul—Berlin 1955
14. Kleinschmidt, O.: **Raubvögel und Eulen der Heimat.** Wittenberg-Lutherstadt 1958
15. Makatsch, W.: **Der Vogel und sein Nest.** Wittenberg-Lutherstadt 1953
16. Makatsch, W.: **Wir bestimmen die Vögel Europas.** Radebeul 1967
17. Mauersberger, G.: **Urania Tierreich-Vögel.** Leipzig-Jena-Berlin 1972
18. Niethammer, G.: **Handbuch der deutschen Vogelkunde II.** Leipzig 1938

19. Peterson, R., Mountfort, G., Hollom...P. A. D.: **Die Vögel Europas.** Hamburg-Berlin 1959
20. Verschiedene Hefte der „**Neuen Brehm-Bücherei**" über Greifvögel und Eulen.

REGISTER DER DEUTSCHEN NAMEN

Aasgeier   32, 34
Adlerbussard   88

Bartgeier   44, 46
Bartkauz   180
Baumfalke   148, 150
Bindenseeadler   52

Eleonorenfalke   146

Falkenbussard   82
Feldeggsfalke   142
Fischadler   116,118

Gänsegeier   36,38
Gleitaar   112
Grönlandfalke   136

Habicht   94,96
Habichtsadler   70
Habichtskauz   182

Jagdfalke   134

Kaiseradler   58,60
Kornweihe   124,126
Kurzfangsperber   102
Kuttengeier   40,42

Mäusebussard   78,80
Merlin   152,154

Rauhfußbussard   84,86
Rauhfußkauz   172
Rohrweihe   120,122

Rötelfalke   158
Rotfußfalke   156
Rotmilan   104,106

Schelladler   64
Schlangenadler   74,76
Schleireule   194,196
Schnee-Eule   178
Schreiadler   66,68
Schwalbenweihe   114
Schwarzmilan   108,110
Seeadler   48,50
Sperber   98,100
Sperbereule   198
Sperlingskauz   166
Steinadler   54,56
Steinkauz   168,170
Steppenadler   62
Steppenweihe   128
Sumpfohreule   188

Turmfalke   160,162

Uhu   174,176

Waldkauz   190,192
Waldohreule   184,186
Wanderfalke   138,140
Wespenbussard   90,92
Wiesenweihe   130,132
Würgfalke   144

Zwergadler   72
Zwergohreule   164

REGISTER DER LATEINISCHEN NAMEN

Accipiter brevipes   102
Accipiter gentilis   94,96
Accipiter nisus   98,100
Aegolius funereus   172
Aegypius monachus   40,42
Asio flammeus   188
Asio otus   184, 186
Athene noctua   168, 170
Aquila chrysaëtos   54,56
Aquila clanga   64
Aquila heliaca   58,60
Aquila pomarina   66,68
Aquila rapax   62

Bubo bubo   174,176
Buteo buteo   78,80
Buteo buteo vulpinus   82
Buteo lagopus   84,86
Buteo rufinus   88

Circaëtus gallicus   74,76
Circus aeruginosus   120,124
Circus cyaneus   124,126
Circus macrourus   128
Circus pygargus   130,132

Elanoides forficatus   114
Elanus caeruelus   112

Falco biarmicus feldeggi   142
Falco cherrug   144
Falco columbarius   152,154
Falco eleonorae   146
Falco naumanni 158

Falco peregrinus   138,140
Falco rusticolus candicans   136
Falco rusticolus rusticolus   134
Falco subbuteo   148,150
Falco tinnunculus 160 162
Falco vespertinus   156

Glaucidium passerinum   166
Gypaëtus barbatus   44,46
Gyps fulvus   36,38

Haliaeëtus albicilla   48,50
Haliaeëtus leucoryphus   52
Hieraaëtus fasciatus   70
Hieraaëtus pennatus   72

Milvus migrans   108,110
Milvus milvus   104,106

Neophron percnopterus   32,34
Nyctea scandiaca   178

Otus scops   164

Pandion haliaëtus   116,118
Pernis apivorus   90,92

Strix aluco   190,192
Strix nebulosa   180
Strix uralensis   182
Surnia ulula   198

Tyto alba   194,196